这样做物业管理最有效

标准化管理制度与表格精选

文华 主编

企业管理出版社

图书在版编目（CIP）数据

这样做物业管理最有效／文华主编．——北京：企业管理出版社，2012.8
（标准化管理制度与表格精选）
ISBN 978－7－5164－0124－8

Ⅰ．①这… Ⅱ．①文… Ⅲ．①物业管理企业—企业管理 Ⅳ．①F293.33

中国版本图书馆 CIP 数据核字（2012）第 181367 号

书　　名：	这样做物业管理最有效：标准化管理制度与表格精选
作　　者：	文　华
责任编辑：	丁　峰
书　　号：	ISBN 978－7－5164－0124－8
出版发行：	企业管理出版社
地　　址：	北京市海淀区紫竹院南路 17 号　　邮编：100048
网　　址：	http：//www.emph.cn
电　　话：	总编室（010）68701719　发行部（010）68701816　编辑部（010）68414643
电子信箱：	80147@sina.com　　zbs@emph.cn
印　　刷：	香河闻泰印刷包装有限公司
经　　销：	新华书店
规　　格：	170 毫米×240 毫米　　16 开本 18 印张 335 千字
版　　次：	2012 年 8 月第 1 版　　2012 年 8 月第 1 次印刷
定　　价：	38.00 元

版权所有　翻印必究·印装有误　负责调换

本书编委会

主编 文华

编委（排名不分先后）

马飞	王扩	王春	刘玉林	金山
王树唐	汪本有	张凤云	周小新	张红伟
周本唐	胡占国	古月	周燕	郑建
顾勇	刘占佳	柏小明	文琳	刘云峰
张国祝	张国均	胡文捷	甘平	崔赤

前　言

物业管理起源于19世纪60年代的英国，是人口增长及经济发展的必然结果，属第三产业——服务行业。迄今为止，物业管理作为现代化城市管理和房地产经营管理的重要组成部分，在国际上十分流行并获得了蓬勃发展。20世纪80年代，随着我国经济的发展和城市的开发，人们对生活品质和居住条件的追求日益提高，房地产业也随之不断发展成熟，全国住宅小区逐渐兴建起来，由此现代物业管理从香港传入内地。此后，物业管理行业在我国迅速发展，各地物业管理企业和从业人员数量迅速增加。

物业管理作为房地产业体系的重要组成部分和配套工程，越来越显示出广阔的市场发展前景，被誉为现代城市的"朝阳产业"。但是，物业管理在我国还是一种新兴行业，目前尚处在成长壮大阶段，实际中存在许多阻碍发展的问题，这与我国城市管理和房地产业的飞速发展很不相称。并且，我国加入WTO，使物业管理行业又面临国际竞争的挑战。因此，探索新时期物业管理标准及方法，具有重要的现实意义。

我国未来的物业管理发展应是专业化、综合性涉及物业建设与使用全过程的管理和服务。为此，根据物业企业管理的实际情况及发展需求，本书提炼了国内外众多物业企业管理制度、实用表格和岗位职责，吸收其中的精华内容，为物业企业相关人员提供一个标准化的制度框架与实践操作模式。

本书共分十四章，依次介绍了现代物业综合办公管理制度与表格；人力资源管理制度与表格；财务管理制度与表格；房屋管理维修制度与表格；绿化卫生管理制度与表格；治安保卫管理制度与表格；消防安全管理制度与表格；接管验收及委托管理制度与表格；公共设备管理制度与表格；车辆管理制度与表格；福利、档案管理制度与表格；员工宿舍、食堂管理制度与表格；社区文化、配套服务管理制度与表格；房屋、停车场管理合同、协议。

本书内容全面、系统，制度与表格简洁、直观，提供标准化、规范化、程式化的管理方法，可以即查即用，是物业企业相关管理人员必备的案头工具书。希望本书能够满足物业企业管理要求，帮助相关管理者打造一支规范化的员工队伍，助力企业快速发展，为广大业主营造出安居乐业的生活和工作环境，从而为和谐的社会作出一定的贡献。

编者
2012 年 7 月

目　　录

第一章　现代物业综合办公管理制度与表格 …………… 1
　▲物业公司员工行为规范 ……………………………………… 1
　▲员工办公制度 ………………………………………………… 1
　▲行政办公管理制度 …………………………………………… 2
　▲办公设备使用管理 …………………………………………… 4
　▲办公物品管理制度 …………………………………………… 4
　▲办公消耗品管理制度 ………………………………………… 7
　▲财产管理办法 ………………………………………………… 8
　▲物品管理规定 ………………………………………………… 9
　▲物品申领规定 ………………………………………………… 10
　▲物品采购规定 ………………………………………………… 10
　▲物品验收规定 ………………………………………………… 11
　▲文具用品管理制度 …………………………………………… 11
　▲管理人员文明服务准则 ……………………………………… 12
　▲印章管理制度 ………………………………………………… 13
　▲公章使用办法 ………………………………………………… 14
　▲凭证管理规定 ………………………………………………… 15
　▲电话管理办法 ………………………………………………… 16
　▲复印机使用规定 ……………………………………………… 16
　▲印章管理登记表 ……………………………………………… 17
　▲公章使用登记簿 ……………………………………………… 18
　▲长途电话使用登记簿 ………………………………………… 18
　▲拨打长途电话申请单 ………………………………………… 19

第二章　现代物业人力资源管理制度与表格 …………… 20
　▲员工考勤管理制度 …………………………………………… 20
　▲员工考评制度 ………………………………………………… 21
　▲员工奖励办法 ………………………………………………… 22

▲员工处罚制度 …………………………………………… 24
▲出差管理制度 …………………………………………… 28
▲国内出差管理规定 ……………………………………… 30
▲出差手续及差旅费支付制度 …………………………… 31
▲人员聘用制度 …………………………………………… 36
▲新进人员试用制度 ……………………………………… 37
▲员工培训制度 …………………………………………… 38
▲员工解雇、辞退处理制度 ……………………………… 39
▲临时工录用、辞退规定 ………………………………… 40
▲员工牌、工作证管理制度 ……………………………… 40
▲行政人员月度考勤综合表 ……………………………… 41
▲行政人员考勤记录表 …………………………………… 42
▲员工奖励通知书 ………………………………………… 43
▲员工过失通知书 ………………………………………… 44
▲员工警告通知书 ………………………………………… 45
▲员工申请报告单 ………………………………………… 46
▲员工公休假期通知单 …………………………………… 47

第三章 现代物业财务管理制度与表格 ……………… 48

▲财务管理规定 …………………………………………… 48
▲财务计划管理制度 ……………………………………… 51
▲会计档案管理制度 ……………………………………… 52
▲低值易耗品财务管理制度 ……………………………… 53
▲使用收据及有价票据的管理办法 ……………………… 54
▲收款员账款交接班管理办法 …………………………… 54
▲保险柜钥匙管理规定 …………………………………… 55
▲经费支出管理制度 ……………………………………… 55
▲专用基金管理制度 ……………………………………… 56
▲现金及各种银行存款管理 ……………………………… 57
▲差旅费开支标准 ………………………………………… 58
▲固定资产增减表 ………………………………………… 59
▲固定资产盘存单 ………………………………………… 60
▲现金收支月报表 ………………………………………… 61
▲付款登记表 ……………………………………………… 62
▲资金调度计划表 ………………………………………… 63

▲材料采购预计表 ……………………………………………………… 64

第四章 现代物业房屋管理维修制度与表格 …………………… 65

▲物业装修管理规定 ……………………………………………… 65
▲住宅小区房屋租售管理规定 …………………………………… 65
▲写字楼租赁工作用房装修管理规定 …………………………… 66
▲别墅小区水、电、煤气使用管理规定 ………………………… 66
▲维修服务规范 …………………………………………………… 68
▲房屋设备的日常性保养规定 …………………………………… 69
▲房屋维修管理考核标准 ………………………………………… 70
▲房屋维修的技术管理规范 ……………………………………… 71
▲商业楼宇的养护及维修规定 …………………………………… 73
▲商业楼宇维修费用的处理规定 ………………………………… 74
▲商业楼宇装修管理规定 ………………………………………… 75
▲楼宇保养维修管理规定 ………………………………………… 75
▲别墅小区装修管理规定 ………………………………………… 76
▲日常维修养护规范表 …………………………………………… 77
▲物业管理员岗位月考核表 ……………………………………… 78
▲装修申请表 ……………………………………………………… 79
▲装修施工许可证 ………………………………………………… 79
▲装修施工人员登记表 …………………………………………… 80
▲办理装修手续登记表 …………………………………………… 81
▲入住区施工申请表 ……………………………………………… 82
▲用户维修委托单 ………………………………………………… 83
▲大楼维修任务工作单 …………………………………………… 84
▲维修工检查考核表 ……………………………………………… 85
▲返修申请表 ……………………………………………………… 86

第五章 现代物业绿化卫生管理制度与表格 …………………… 87

▲居住区绿化管理规定 …………………………………………… 87
▲居住区绿化养护管理规定 ……………………………………… 87
▲绿化养护、管理的操作细则 …………………………………… 88
▲小区绿化管理规定 ……………………………………………… 89
▲草地保养管理规定 ……………………………………………… 89

- ▲盆景保管规定 ··· 90
- ▲树木花卉管理制度 ··· 90
- ▲卫生管理准则 ··· 90
- ▲清洁工安全操作规程 ······································· 91
- ▲环境清洁管理操作细则 ····································· 92
- ▲小区卫生管理规定 ··· 93
- ▲清洁工作检查规程 ··· 94
- ▲大厦地下车库、天台、转换层的清洁规定 ····················· 94
- ▲大厦大堂的清洁规定 ······································· 95
- ▲大厦楼层通道地面与墙面的清洁规定 ························· 95
- ▲消杀管理规定 ··· 96
- ▲日常保洁规定 ··· 97
- ▲外墙清洁规定 ··· 100
- ▲灯具的清洁规定 ··· 103
- ▲地毯的清洗和地面打蜡规定 ································· 103
- ▲垃圾的管理规定 ··· 105
- ▲室外地面的清洁规定 ······································· 106
- ▲楼层公共区域清洁管理规定 ································· 106
- ▲绿化员岗位安排表 ··· 107
- ▲绿化工作日检查表 ··· 107
- ▲小区绿化管理检查记录表 ··································· 108
- ▲小区消杀服务质量检验表 ··································· 109
- ▲清洁区域分工安排表 ······································· 110
- ▲小区室内清洁日检表 ······································· 111
- ▲小区室外清洁日检表 ······································· 112
- ▲清洁员岗位安排表 ··· 113

第六章 现代物业治安保卫管理制度与表格 ················· 114
- ▲安全保卫管理制度 ··· 114
- ▲安全保卫防范工作规定 ····································· 115
- ▲保安部工作管理制度 ······································· 115
- ▲大厦出入治安管理规定 ····································· 116
- ▲财物失窃处理办法 ··· 117
- ▲治安管理规定 ··· 118
- ▲小区居民治安义务 ··· 120

- ▲保安员培训管理制度…………………………………………… 120
- ▲保安员日常管理制度…………………………………………… 121
- ▲保安部领班工作制度…………………………………………… 121
- ▲保安部上班管理制度…………………………………………… 122
- ▲安全工作总结制度……………………………………………… 122
- ▲当班前列队训练制度…………………………………………… 122
- ▲日常工作记录管理制度………………………………………… 123
- ▲保安装备交接制度……………………………………………… 123
- ▲保安员纪律规定………………………………………………… 123
- ▲突发事件处理制度……………………………………………… 123
- ▲保安员交接班的规定…………………………………………… 124
- ▲对讲机的配备、使用管理规定………………………………… 124
- ▲安保的岗位操作程序…………………………………………… 125
- ▲居住区保安队奖罚规定………………………………………… 127
- ▲居住区保安队纪律规定………………………………………… 128
- ▲突发事件应急预案……………………………………………… 128
- ▲突发事件的处理………………………………………………… 130
- ▲保安交接班记录表……………………………………………… 133
- ▲保安工作周检表………………………………………………… 134
- ▲保安工作月检表………………………………………………… 135
- ▲来宾出入登记表………………………………………………… 136
- ▲自行车出入登记表……………………………………………… 136

第七章 现代物业消防安全管理制度与表格 …………………… 137
- ▲消防管理制度…………………………………………………… 137
- ▲消防管理规定…………………………………………………… 138
- ▲防火责任制……………………………………………………… 140
- ▲防火安全制度…………………………………………………… 141
- ▲大厦突发火警、火灾应急预案………………………………… 144
- ▲火灾处理应急方案……………………………………………… 145
- ▲灭火工作程序…………………………………………………… 146
- ▲大厦火警及消防措施…………………………………………… 148
- ▲消防系统维护制度……………………………………………… 150
- ▲别墅小区消防管理规定………………………………………… 150
- ▲消防设施安全运行巡查记录…………………………………… 151

▲消防设施、设备检查表 …………………………………… 152
▲消防应急器材检查表 ……………………………………… 153
▲中控室交接班记录表 ……………………………………… 153

第八章　现代物业接管验收及委托管理制度与表格 ………… 154

▲小区(大厦)接管验收准备制度 ………………………… 154
▲物业接管验收规定 ………………………………………… 154
▲物业验收与接管流程 ……………………………………… 155
▲新建商业楼宇的接管与验收规定 ………………………… 155
▲旧有商业楼宇的接管验收规定 …………………………… 156
▲物业委托管理制度 ………………………………………… 157
▲商品房委托管理制度 ……………………………………… 157
▲物业委托代管规定 ………………………………………… 158
▲私房委托管理规定 ………………………………………… 159
▲委托管理维修制度 ………………………………………… 159
▲房屋接管验收表 …………………………………………… 160
▲房屋接管验收遗留问题登记表 …………………………… 161
▲小区公共配套设施接管验收表 …………………………… 161
▲写字楼收楼验收表 ………………………………………… 162
▲住房验收交接表 …………………………………………… 163
▲装修验收表 ………………………………………………… 164
▲楼宇验收报告单 …………………………………………… 165

第九章　现代物业公共设备管理制度与表格 ………………… 166

▲配电室操作管理制度 ……………………………………… 166
▲停电处理制度 ……………………………………………… 166
▲空调操作管理制度 ………………………………………… 167
▲制冷、供暖系统操作、保养和维修规定 ………………… 167
▲电器设备的养护管理规定 ………………………………… 170
▲设备安全检查制度 ………………………………………… 171
▲给、排水系统的养护管理规定 …………………………… 172
▲设备操作、保养和维修规定 ……………………………… 172
▲维修电工操作规程 ………………………………………… 174
▲供电系统的养护管理规定 ………………………………… 174

▲程控交换机房的管理制度……175
▲设备事故处理制度……175
▲新增设备管理制度……176
▲电气机械设备操作制度……176
▲改装、移装设备操作制度……177
▲转让和报废设备管理制度……177
▲维修工交接班制度……177
▲维修报告制度……178
▲设备日常巡检制度……179
▲设备日常维修制度……179
▲工具领用保管制度……180
▲电梯维修制度……180
▲办理设备维修手续管理制度……181
▲锅炉操作管理制度……181
▲公共设施保养计划表……182
▲电梯保养项目及记录……183
▲消防设施月保养记录……184
▲对讲报警系统半年保养记录表……185
▲防盗监视系统月保养记录……186
▲公共设施维修、保养记录……186
▲公用设施一览表……187

第十章 现代物业车辆管理制度与表格……188
▲车辆管理制度……188
▲公务车管理规定……190
▲通勤车管理规定……192
▲业务用车管理规定……194
▲自行车库管理制度……195
▲停车场门卫管理制度……196
▲住宅区机动车辆管理规定……196
▲车辆在小区内行驶停放规定……197
▲停车场管理规定……198
▲摩托车、助动车、自行车管理规定……198
▲车辆管理工作日检表……199
▲车辆登记表……200

- ▲停车场(库)交接班记录 ……………………………………… 201
- ▲车辆请修报告单 …………………………………………… 202
- ▲车辆费用报销单 …………………………………………… 204

第十一章 现代物业福利、档案管理制度与表格 …………… 205
- ▲劳动保护制度 ……………………………………………… 205
- ▲工伤处理的有关规定 ……………………………………… 207
- ▲员工医疗费报销办法的规定 ……………………………… 208
- ▲员工伤害补偿规定 ………………………………………… 209
- ▲交通伤害赔偿规定 ………………………………………… 211
- ▲休息、休假规定 …………………………………………… 212
- ▲档案资料管理制度 ………………………………………… 215
- ▲档案管理制度 ……………………………………………… 215
- ▲员工工作业绩档案管理制度 ……………………………… 219
- ▲员工人事档案管理规定 …………………………………… 219
- ▲员工培训档案管理办法 …………………………………… 220
- ▲档案借阅管理制度 ………………………………………… 221
- ▲服务中心文件档案管理制度 ……………………………… 221
- ▲档案存放地备查用表 ……………………………………… 222
- ▲归档案卷目录 ……………………………………………… 223
- ▲档案明细表 ………………………………………………… 223
- ▲档案内容登记簿 …………………………………………… 224
- ▲档案调阅单 ………………………………………………… 224

第十二章 现代物业员工宿舍、食堂管理制度与表格 ……… 225
- ▲员工宿舍管理制度 ………………………………………… 225
- ▲职工宿舍文明守则 ………………………………………… 227
- ▲食堂管理规定 ……………………………………………… 228
- ▲食堂厨房卫生管理制度 …………………………………… 229
- ▲员工餐厅就餐管理制度 …………………………………… 230
- ▲炊事员卫生制度 …………………………………………… 230
- ▲工作餐供应管理规定 ……………………………………… 231
- ▲加班餐管理规定 …………………………………………… 231
- ▲住宿登记表 ………………………………………………… 232

▲宿舍检查日报表 ………………………………………………… 232

第十三章 现代物业社区文化、配套服务管理制度与表格 …… 233
▲住宅小区文娱场所管理规定 …………………………………… 233
▲社区文化管理制度 ……………………………………………… 233
▲文化俱乐部规章 ………………………………………………… 234
▲读书研究会规章 ………………………………………………… 235
▲信箱管理规定 …………………………………………………… 237
▲全面便民服务规范 ……………………………………………… 237
▲服务中心便民服务制度 ………………………………………… 238
▲服务中心便民活动管理规定 …………………………………… 238
▲服务中心接待来访投诉定期回访制度 ………………………… 239
▲用户投诉处理制度 ……………………………………………… 240
▲业主投诉处理和分析制度 ……………………………………… 240
▲业主意见调查和回访制度 ……………………………………… 241
▲用户投诉处理工作规程 ………………………………………… 242
▲住宅区管理处回访制度 ………………………………………… 242
▲业主意见征询调查表 …………………………………………… 243
▲回访业主记录表 ………………………………………………… 244
▲访问客户记录 …………………………………………………… 244
▲住户满意率统计表 ……………………………………………… 245
▲投诉登记表 ……………………………………………………… 246
▲投诉处理表 ……………………………………………………… 246
▲社区活动设备、设施清单 ……………………………………… 247
▲社区活动计划申报表 …………………………………………… 248
▲社区活动登记表 ………………………………………………… 249

第十四章 现代物业房屋、停车场管理合同、协议 …………… 250
▲业主委托房屋出售合同 ………………………………………… 250
▲停车场委托经营合同 …………………………………………… 251
▲停车场(车位)出租合同 ………………………………………… 253
▲物业管理顾问合同 ……………………………………………… 254
▲物业服务合同 …………………………………………………… 256
▲小区物业管理服务合同 ………………………………………… 261

▲装饰装修管理协议 …………………………………………………… 265
▲绿化服务委托合同 …………………………………………………… 268
▲保洁服务委托合同 …………………………………………………… 269
▲委托代收代缴费用合同 ……………………………………………… 271

第一章　现代物业综合办公管理制度与表格

▲物业公司员工行为规范

1. 树立团体的精神，把维护企业的声誉和利益作为全体员工行为的基本准则，牢固地树立"我是公司的一员"的观念。
2. 每个员工都明确自己的工作职责，有强烈的责任感和质量意识。
3. 要注重个性与共性相结合，共同营造企业的视觉形象，共同经营好企业这一无形资产。
4. 每个员工的工作要做得更细致、更周全，体现出物业管理企业"为业主服务"的宗旨，把"让业主更高兴"作为服务的指南。
5. 认清本企业与其他企业的区别所在，以企业为荣。

▲员工办公制度

1. 出勤：一月内迟到或早退两次扣一天工资。
2. 请假：必须要有请假条，写明事由，由部门负责人批准，办公室核实。一天以上由服务中心经理批准，三天以上要报公司批准。擅自离开者，按自动辞工处理，扣发七天工资。
 （1）请事假扣发当天工资。
 （2）请病假必须要有医生证明，不扣发工资。
 （3）旷工者除扣当天工资外，年终奖扣发一天工资。
 （4）请一天以上假者必须提前请示。

（5）上班时间内，必须坚守自己的工作岗位，如检查不在岗位范围内，则按未上班处理，扣半天工资。

3. 坚守工作岗位，必须按质、按量达到服务中心要求，完成各自职责。不能胜任工作，住户反应较大意见者，服务中心有权做出辞退处理。

4. 如损坏服务中心及住户财产，视损坏程度扣奖金或照价赔偿。

5. 服务中心的工具、机器、设备未经办公室同意，不准外借。

6. 上班时间不得看报、闲聊，不得用通信设备聊天；有多余时间应努力学习业务知识。

7. 不得于工作时间内在小区从事本职工作以外的有偿劳务。

8. 严禁向业主、住户索取财物，杜绝吃、拿等不良现象的发生。

▲ 行政办公管理制度

为使公司办公管理及文化建设提升到一个新层次，特制定如下制度。

第一条　工位区规范：

1. 办公桌：桌面除电脑、口杯、电话、文具外，不允许放其他物品。
2. 辅桌：放文件盒、少量工具书。
3. 座椅：靠背、座椅一律不能放任何物品，人离开时椅子调正。
4. 电脑：有显示器置写字台左前角。
5. 工位屏风：内外侧不允许有任何张贴。
6. 垃圾篓：罩塑料袋，置写字台下右前角。

第二条　办公室规范：

1. 办公桌：桌面除公司购置案头用品及电脑外无其他物品。
2. 辅桌：桌面置文件盒、笔筒、书籍外，不准放其他物品。
3. 电脑：桌面呈45°角贴墙放置，横式主机置显示器下，竖式主机置桌面下。
4. 拖柜：置办公桌下左角或辅桌后部，面朝办公椅。
5. 饮水机：放指定地点，不得随意移动。
6. 报刊：必须上报架，或阅完后放入办公桌内。
7. 外衣手袋：请置挂于衣帽间或柜子内，严禁随意放在办公桌椅及地柜上。

第三条　语言规范：

1. 交往语言。

2. 电话语言。

3. 接待语言。

第四条　行为规范：

1. 坚守工作岗位，不要串岗。

2. 上班时间不要看报纸、玩游戏或做与工作无关的事情。

3. 办公桌上应保持整洁并注意办公室的安静。

4. 上班时间，不要在办公室化妆。

5. 接待来访和业务洽谈，请在接待室或会议室进行，私客不得在工位区停留。

6. 使用接待室和会议室，要事先到办公室登记，一般内部事务不得随意使用接待室。

7. 不要因私事打公司长途电话，凡因私事打电话，发现一次罚款30元。

8. 不要在公司电脑上发私人邮件或上网聊天，发现一次，罚款50元。

9. 不要随意使用办公室的电脑；私客未经总经理批准，不准使用公司电脑。

10. 所有电子邮件的发出，须经部门经理批准，以公司名义发出的邮件须经总经理批准。

11. 未经总经理批准和部门经理授意，不要索取、打印、复印其他部门的资料。

12. 严格遵守考勤制度。

13. 不论任何原因，不得代人刷卡。

14. 吸烟请到吸烟室。

15. 请病假如无假条，一律认同为事假；

16. 凡出远勤达一天以上者，应先填报经领导批准的出差证明单。

17. 因故临时外出，必须请示部门经理，各部门全体外出，必须与总经理办公室打招呼。

18. 无工作需要，不要擅自进入档案室、打字室、财务部、会议室、接待室。

19. 不要将公司的烟缸、茶杯、文具等任何公物，带回家私用。

本制度从×××年×月×日开始执行，望物业公司全体员工自觉遵守。总经理办公室即日起将实施监督与检查。

▲ 办公设备使用管理

办公设备专为保障公司各项业务工作得以顺利进行而配备，必须严格按规定使用，无故损坏应赔偿：

1. 电话。

（1）公司电话是联系业务及沟通各项工作的工具，应注意爱护使用，通话要简洁、明了，避免长时间占用线路。

（2）公司各部门办公区域及宿舍区域，因公事要求申请安装电话，须由部门或个人提出申请，办公室统一办理，报物业经理审批后，交水电处实施。

（3）公司职员在职工公寓内要求安装电话的，电话费自理。

（4）公司各部门办公用电话，除总经理办公室电话及传真机外，其余均不具有国际、国内长途功能，确因公需拨打长途的，应填写长途申请单，经办公室审批后指定拨发。

（5）不准用公司电话聊天及处理私人事务。

2. 传真机。

为确保公司传真机畅通，未经许可，任何人不得使用传真机挂拨市内及长途电话。公司传真使用管理规则同长途电话管理规则。

3. 复印机、电脑、打字机。

（1）复印、打字是公司文书机要岗位，工作人员应严守岗位，非指定人员不得使用。

（2）公司复印机应保证每天按时开机、关机。

（3）应遵守公司复印机、电脑、打字机操作规程，并注意爱护这些设备。

▲ 办公物品管理制度

办公物品管理制度（一）

1. 行政管理部负责公司办公用品、办公设备、低值易耗品、通信设备的采购、保管与发放，电脑及附属设备的购置与管理，由信息管理部设专人负责。

2. 公司各部门将所需办公用品提前半个月报至行政管理部，行政管理部根据实际用量和库存情况制定购置计划，经总经理批准后购置。

3. 特需办公用品、低值易耗品和通信设备，须经部门经理批准，由行政管理部负责购置，然后记入备品保管账目。

4. 备品发放采取定期发放制度，每月的 1 日和 15 日办理，其他时间不予办理。

5. 备品仓库设专人负责。备品入库需根据《入库单》严格检查品种、数量、质量、规格、单价是否与进货相符，按手续验收入库，登记上账。未办入库手续，财务一律不予报销。

6. 备品保管实行"三清、两齐、三一致"，即材料清、账目清、数量清，摆放整齐、库房整齐、账、卡、物一致，做到日清月结。

7. 做好出库管理。在日清月结的条件下，月末必须对所有单据按部门统计，及时转到财务部结算。

8. 各部门设立耐用办公用品档案卡，由行政管理部定期检查使用情况，如非正常损坏或丢失，由当事人赔偿。

9. 行政管理部负责收回公司调离人员的办公用品和物品。

10. 行政管理部建立公司固定资产总账，对每件物品要进行编号，每年进行一次普查。

办公物品管理制度（二）

第一章　办公物品的购买

第一条　为了统一限量，控制用品规格以及节约经费开支，所有办公用品的购买，都应由办公用品管理员统一负责。

第二条　根据办公用品库存量情况以及消耗水平，向办公用品管理室经理报告，确定订购数量。如果办公印刷制品需要调整格式，或者未来某种办公用品的需要量将发生变化，也一并向管理经理提出。调整印刷制品格式，必须由使用部门以文书形式提出正式申请，经企划部门审核确定大致的规格、纸张质地与数量，然后到专门商店采购，选购价格合适、格式相近的印刷制品。

第三条　在办公用品库存不多或者有关部门提出特殊需求的情况下，按照成本最小原则，选择直接去商店购买或者订购的方式。

第四条　在各部门申请的办公用品中，如果包含有需要订购的办公用品，则申请部门还必须另填一份订购单，经办公用品管理部门确认后，直接向有关商店订购。办公用品管理部门，必须依据订购单，填写"订购进度控制卡"，卡中应写明订购日期、订购数量、单价以及向哪个商店订购等等。

第五条 按订购单以及订购进度控制卡检查所订购办公用品，以及在预定日期送到与否。

第六条 所订购办公用品送到后，按送货单进行验收，核对品种、规格、数量与质量，确保没有问题后，在送货单上加盖印章，表示收到。然后，在订购进度控制卡上做好登记，写明到货日期、数量等等。

第七条 收到办公用品后，对照订货单与订购进度控制卡，开具支付传票，经主管签字盖章，做好登记，转交出纳室负责支付或结算。

第八条 办公用品原则上由公司统一采购、分发给各个部门。如有特殊情况，允许各部门在提出"办公用品购买申请书"的前提下就近采购。在这种情况下，办公用品管理部门有权进行审核，并且把审核结果连同申请书一起交付监督检查部门保存，以作为日后使用情况报告书的审核与检查依据。

第二章　办公物品的申请、分发领用及报废处理

第九条 各部门的申请书必须一式两份，一份用于分发办公用品，另一份用于分发领用用品台账登记。在申请书上要写明所要物品、数量与单价金额。

第十条

1. 接到各部门的申请书（两份）之后，有关人员要进行核对，并在申请受理册上做好登记，写上申请日期、申请部门、用品规格与名称，以及数量，然后再填写一份用品分发传票给发送室。

2. 发送室进行核对后，把申请的全部用品备齐，分发给各部门。

3. 用品分发后做好登记，写明分发日期、品名与数量等。一份申请书连同用品发出通知书，转交办公用品管理室记账存档；另一份作为用品分发通知，连同分发物品一起返回各部门。

第十一条 对决定报废的办公用品，要做好登记，在报废处理册上写清用品名称、价格、数量及报废处理的其他有关事项。

第三章　办公物品的保管

第十二条 所有入库办公用品，都必须一一填写台账（卡片）。

第十三条　必须清楚地掌握办公用品库存情况，经常整理与清扫，必要时要采取防虫等保全措施。

第十四条　办公用品仓库一年盘点两次（6月与12月）。盘点工作由管理室主任负责。盘点要求做到账物一致，如果不一致，必须查找原因，然后调整台账，使两者一致。

第十五条　印刷制品与各种用纸的管理依照盘存的台账为基准，对领用的数量随时进行记录并进行加减，计算出余量。一旦一批消耗品用完，立即写报告递交办公用品管理室主任。

第十六条　必须对公司各部门所拥有的办公日用低值易耗品，主要指各种用纸与印刷制品作出调查。调查方式是，每月5日对前一月领用量、使用量以及余量（未用量）作出统计，向上报告。办公用品管理室对报告进行核对，检查各部门所统计的数据是否与仓库的各部门领用台账中的记录相一致。最后把报告分部门进行编辑保存。

第四章　对办公物品使用的监督与调查

第十七条　对公司各部门进行监督调查的内容包括：
1. 核对用品领用传票与用品台账。
2. 核对用品申请书与实际使用情况。
3. 核对用品领用台账与实际用品台账。

第十八条
1. 核对收支传票与用品实物台账。
2. 核对支付传票与送货单据。

▲办公消耗品管理制度

1. 本公司为加强对办公消耗品的管理，特制订本制度。
2. 办公消耗品是指文具、纸张、账本及其他印刷物品。
3. 办公消耗品一年的消耗限额为×万元，各部门及有关人员必须节约使用，避免浪费。
4. 办公消耗品的购买与管理，由综合办公室负责，下设保管员处理领用事务。
5. 综合办公室必须把握消耗品在正常情况下每月的平均消耗量，以及各种消耗品的市场价格、消耗品的最佳采购日期。在此基础上，确定采购量与采购时间，以最小的采购量满足日常事务运营对消耗品的基本需求。

6. 对于特殊场合所用的特殊办公用品，使用部门必须先提出书面申请，综合办公室据此进行必要的调查后决定是否准予采购。如果一次采购价格总额超过×万元时，须经该部门主管同意，必要时请示总经理。

7. 在定制各种账票时，如果需要改动原格式或者重新设计新格式，使用部门的主管必须起草正式文件或方案，若有相关部门，则需要一式多份，然后将这些材料送至综合办公室，并附上委托定制或订购申请单。之后，综合办公室在其责权范围内，审核新格式、订购数量是否合适，以及新格式的适用性与时效性等等。通过审核后，还必须就是否由本公司自行复制或复印，还是委托外部进行印刷等问题，与申请部门作进一步协商。

8. 向综合办公室领取办公消耗品时，必须填写申请书，写明申请时间，使用场所（部门名称）以及物品名称与数量。同时，申请者以及其部门主管必须加盖印章或签字。另外，特殊办公消耗品的申请，必须填写用途。

9. 局部使用或特殊用途的账簿传票的订购与领用，统一由综合办公室调控与管理。使用部门或申请者必须按特殊的程序提出申请。

10. 综合办公室必须在填写办公消耗品购进登记簿的基础上，对照各申请采购传票，在每月末进行统计，向总经理作出报告。

▲ 财产管理办法

第一条　本公司的财产管理依照本办法执行。

第二条　本公司财产主要为：

（1）办公事务用品：桌椅、公文箱、电话机、打字机、复印机、计算机、交通车等；

（2）办公楼、厂房宿舍等建筑物；

（3）机器设备：压造设备、涂装设备、检验仪器、焊接设备、维修设备、输送设备等（本类另案讨论）；

（4）原料及成品（本类另案讨论）。

第三条　各部根据需要提出请购单或请购计划，报上级核准后，交由总务部办理采购。

第四条　采购品经验收合格后，即由采购单位填写财产卡交由总务处建档管理,财产实物由使用单位领回使用并负责保管。

第五条 总务处每年需依折旧年限规定,摊提折旧额送会计部门列账。

第六条 总务处每年12月底前需对公司财产盘点一次,核对财产数量,并由会计单位依盘亏、盘盈状况调整财产金额。

第七条 对无法继续使用的财产按规定办理报废,或以登报公开招标方式出售,并作相应的会计处理。

第八条 各项财产的使用说明书、质量保证书等资料统一由总务处保管,使用单位可使用复印件。

第九条 各部门对所使用的财产负有保管、保养的责任。财产发生损害时,应查明原因、分清责任,出具调查报告和处理意见,视情节轻重进行处分。

▲物品管理规定

1. 对所有入库物品都要妥善保管,防止损坏、变质、丢失。对食品及清洁用品定期检查保质期或有效期,防止过期失效。

2. 对常用物品要测定每月正常消耗量,保证正常储备量,及时提出补充计划,在保证合理需求的前提下,减少库存量,加速资金周转,防止物资积压。

3. 库存物品要定期盘点,每月25日对在用物品做一次清点,期初数加本期增加数减本期消耗等于期末盘点数。检查消耗量是否合理,期末办理退库手续,以正确核算成本。

4. 对库存物品每月抽查(不少10%),每季度进行一次全面盘点,要求做到账物相符,账账一致。在清查中发现临近保质期或有效期的物品要及时提出处理意见。

5. 工具、器具低值易耗品、针棉织品要以旧换新。

6. 物品丢失要让责任者按质赔偿后方可补发。特殊情况由部门经理说明原因,总会计师审批后方能补领。单项价值超过500元的物品要经总经理批准。

7. 纪念品、礼品等作交际应酬用的物品,领用时要经总经理或总经理授权人批准。

8. 物资保管员要严格遵守规章制度和工作程序,认真做好物品收货、保管、发放工作。对超计划领用,不符合报批手续的有权拒绝发货,并及时向部门经理汇报。

9. 工程及维修所用材料,考虑其品种多,需急用等特点,采购物资办完验收手续后，实物由工程部设专人保管，并建立实物账。物资三级账在计财物资部设置，进行统计核算。

10. 每月末工程部库房管理人员要对所管物资与计财物资部三级明细账逐一核对，保证账物相符。工程部实物账与计财部三级账要做到账账一致。计财物资部有责任对工程部库房进行不定期抽查。每季度抽查物品品种不能少于30%，每半年进行一次大清点，年终进行全面盘点。

11. 工程项目及大、中修使用的材料、备件、设备等按工程预算及修理计划做好储备及供应。

12. 积压物资的管理。各类物资一年内无人领用，经使用部门确认一年内仍不需用的，除专用的市场短缺物资，均可视为积压物资。计财部按上述条件每半年提供一次积压物资明细表，并说明造成积压的原因。凡因为个人原因造成物资积压，要由责任者承担部分经济损失（视情节不同分别确定赔偿比例）。积压物资经总会计师审批后交有关部门统一处理。

▲ 物品申领规定

1. 各部门日常所需物品、食品、客用品、维修及工程专用材料等，在本部门用款计划之内申请领用时，应填写物资申领单，经部门经理同意和计财部经理审核后，从物资库领用。

2. 如果超计划领用物品，是由于销售量增加所致，可按成本率控制，视为计划内用料。部门经理同意，计财部经理审核，总会计师批准后方可申领；单项金额小于5000元、大于1000元要经主管副总批准；超过5000元的要报总经理批准。

3. 其他超支计划领用物品要由总经理批准。

4. 特殊急用物品可由使用部门暂由内部用款计划调剂，事后按程序补办手续以调整本部门用款计划，若内部无力调剂，必须详述理由，并经主管副总审批同意，总会计师批准方可领用。

▲ 物品采购规定

1. 各部门所需物品库存不足或库内无货时，应及时填写采购申领单。报计财部审核后转采购部采购（按用款程序审批）。

2. 国外进口物品一般应于上年度提出采购计划，最迟要提前3个月提出申领（国外有现货的物品）。一般物品应提前3天提交采购申请或提前预订，如：客用品、针棉织品、备品备件等。

3. 水产、肉类和蔬菜、水果提前2天申请采购。

4. 临时接待会议可按需要应急采购。

5. 计划外物品采购要由使用部门填写申请报告，并详细说明购置理由及效益预测，资本性投资要分析投资回收期和利润率。

6. 成本性投资要分析成本费用率和毛利率，申请报告经主管副总同意，计财部经理审核后报总会计师，待总经理批准后采购。

▲物品验收规定

1. 购买的一切物品都要通过收货部门办理入库验收收货手续，认真把好数量、质量、价格关。

2. 水果、蔬菜验收后可直供各餐饮点，高档食品由厨师长和收货人员共同验收，切实把好收货关。

3. 专卖物品必须从专卖店进货，对进口物品要按国家有关规定办理，采购食品要有合理的保质期限。

4. 对不合格物品收货人员有权拒收，并及时向部门经理汇报。

▲文具用品管理制度

第一条 为使办公文具用品管理规范化，特制订本制度。

第二条 本制度所称办公文具分为消耗品、管理消耗品及管理品三种。

消耗品：铅笔、刀片、胶水、胶带、大头针、图钉、笔记本、复写纸、卷宗、标签、便条纸、信纸、橡皮擦、夹子等。

管理消耗品：签字笔、荧光笔、修正液、电池、直线纸等。

管理品：剪刀、美工刀、订书机、打孔机、钢笔、打码机、姓名章、日期章、日期戳、计算机、印泥等。

第三条 文具用品分为个人领用与部门领用两种。个人领用指个人使用保管的用品，如圆珠笔、橡皮擦、直尺等。部门领用指本部门共同使用的用品，如打孔机、订书机、打码机等。

第四条 消耗品可依据历史记录（如以过去半年耗用平均数）、经验法则（估计消耗时间）设定领用管理基准（如圆珠笔每月每人发放一支），并可随部门或人员的工作状况调整发放时间。

第五条 消耗品应限定人员使用，自第三次发放起，必须以旧品替换新品，但纯消耗品（如直线纸）不在此限。

第六条 管理品移交时如有故障或损坏，应以旧换新，如遗失应由个人或部门赔偿、自购。

第七条 文具的申请应于每月25日由各部门提出"文具用品申请单"，交管理部统一采购，并于次月一日发放，但管理性文具的申请不受上述时间限制。

第八条 各部门设立"文具用品领用记录卡"，由管理部统一保管，在文具领用时作登录使用，并控制文具领用状况。

第九条 文具严禁带回家私用。

第十条 文具用品一般由管理部向文具批发商采购，其中必需品、采购不易或耗用量大的物品，应酌量库存，管理部无法采购的特殊文具，可以经管理部同意并授权各部门自行采购。

第十一条 新进人员到职时由各部门提出文具申请单向管理部领取文具，并列入领用卡，人员离职时，应将剩余文具一并交管理部。

▲管理人员文明服务准则

1. 热爱本职工作，努力学习管理技术，提高管理水平，树立"住户至上，服务第一"的宗旨和全心全意为住户服务的思想。

2. 在工作中坚持原则，秉公办事，不徇私情。自觉抵制不正之风，严守法纪，不以权谋私。

3. 上班时间穿戴整洁，佩戴工作卡，保持仪表端庄，精神饱满，不得在上班时间穿拖鞋、短裤或赤身赤脚，以及做不雅观的举止。

4. 认真热情地处理住户来信、来访，积极为他们排忧解难。对住户的投诉、批评、建议要及时进行调查处理或向上汇报。做到事事有着落、件件有回音。不能推诿、扯皮、推卸责任，更不允许有打击报复行为发生。

5. 主动向来访客人问好，待人彬彬有礼，笑容可掬，举止文雅，讲话清楚，用词准确，不含糊其辞，不用不雅之词。

6. 当住户有无理言行时，应尽量容忍，耐心说服，晓之以理，动之以情，不以恶言相待，更不允许与住户发生打骂行为。

7. 房屋维修工程（属保修期还应该做好解释工作）按计划进行，保证按时施工，急他人之所急，急他人之所需，热情周到，不吃请、不怠工、不刁难住户。

8. 遵守各项管理规章制度和岗位责任制度，精简办事程序，明确分工，各司其职，团结协作，互相配合，互相监督，按质按量完成本职工作。

9. 热情、周到、主动、高效服务住户，依靠法规严格妥善管理，绝不可粗暴、冷漠。

▲印章管理制度

第一条 本制度就公司内使用印章的制度、改刻与废止、管理及使用方法作出规定。

第二条 本规定中所指印章是在公司发行或管理的文件、凭证文书等与公司权利义务有关的文件上，因需以公司名称或有关部门名义证明其权威作用而使用的印章。

第三条 公司印章的制定、改刻与废止的方案由总经理办公室主任提出。

第四条 总经理办公室主任必须在提出的议案中对新旧公司印章的种类、名称、形式、使用范围及管理权限作出说明。

第五条 公司印章的刻制由总经理办公室主任负责，更换或废止的印章应由规定的各管理人迅速交还总经理办公室主任。

第六条 除特别需要，由总经理办公室主任将废止印章保存3年。

第七条 公司印章散失、损毁、被盗时，各管理者应迅速向公司递交说明原因的报告书，总经理办公室主任则应根据情况依本章各条规定的手续处理。

第八条 总经理办公室主任应将每个印章登入印章登记台账内，并将此台账永久保存。

第九条 印章在公司以外登记或申报时，应由管理者将印章名称、申报年月日以及申报者姓名汇总后报总经理办公室主任。

第十条 公司印章的使用依照以下手续：

（1）使用公司或高级职员名章时应当填写"公司印章申请单"（以下简称申请

单)。写明申请事项，征得部门领导签字同意后，连同需盖章文件一并交印章管理人。

(2) 使用部门印章和分公司印章，需在申请单上填写用印理由，然后送交所属部门经理，获认可后，连同需要用印文件一并交印章管理人。

第十一条 公司印章的使用原则上由印章管理人掌握。印章管理人必须严格控制用印范围和仔细检查用印申请单上是否有批准人的印章。

第十二条 代理实施用印的人要在事后将用印依据和用印申请单交印章管理人审查。同时用印依据及用印申请单上应用代理人印章。

第十三条 公司印章原则上不准带出公司，如确因工作需要，需经总经理批准，并由申请用印人写出借据并标明借用时间。

第十四条 常规用印或需要再次用印的文件，如事先与印章主管人取得联系或有文字证明者，可省去填写申请单的手续。印章主管人应将文件名称及制发文件人姓名记入一览表以备查考。

第十五条 公司印章的用印依照以下原则进行：公司、部门名章及分公司名章，分别用于以各自名义行文时；职务名称印章在分别以职务名义行文时使用。

第十六条 用印方法：
(1) 公司印章应盖在文件正面；
(2) 盖印文件必要时应盖骑缝印；
(3) 除特殊规定外，盖公司章时一律应用朱红印泥；
(4) 股票、债券等张数很多，盖章麻烦时，在得到经理批准后，可采取印刷方式。

第十七条 本制度从发布之日起实行。

▲公章使用办法

第一条 公司可以对外使用的公章：
公司章、公司业务专用章（办公室章、人事部章、计划财务部章、国际合作部章、合同专用章）。

第二条 公司章使用范围：
1. 以公司名义上报总公司的报告和其他文件。
2. 以公司名义向上级国家机关，各省市、自治区党政机关发出的重要公函和文件。

3. 以公司名义与有关同级单位的业务往来、公函文件和联合发文等。

第三条　公司业务专用章使用范围：

1. 办公室章：以办公室名义向公司外发出的公函和其他文件、联系工作介绍信、刻制印章证明。

2. 人事部章：就有关人事、劳资等方面业务代表公司用章。

3. 计划财务部章：就有关计划、财务等方面业务代表公司用章。

4. 国际合作部章：就有关国际间交往、业务联系、接待计划、组织国际性会议等方面业务代表公司用章。

5. 合同专用章：以公司名义签订的协议、合同和有关会议纪要等。

第四条　公司印章使用手续：

1. 公司章、计划财务章、合同专用章必须经总经理、副总经理或总经理助理批准方可使用。

2. 办公室章、国际合作部章，由办公室主任批准后使用。

3. 使用公章必须事先履行登记手续。

▲ 凭证管理规定

凭证包括介绍信、工作证、发票等票证。凭证管理，有两层意思：

（1）未盖公章或专用章的空白凭证，虽然还不具备生效的条件，但仍应严格保管好，不得丢失外流。

（2）加盖公章并已具有效力的凭证，更应严格保管和使用。

对于凭证的管理，要做到：

（1）严格履行验收手续；

（2）建立凭证文书登记；

（3）选择保密的地点和坚固的箱柜，有条不紊地入库保存；

（4）定期进行检查，若发现异常情况，随时提出处理意见；

（5）严格出库登记。对于有价证券和其他主要凭证，应参照国家规定的金库管理办法进行管理。

同时，凭证文书具有很高的查考价值，大多需要永久保存。因此，一切有关凭证的正件、抄件、存根、复写件，以及文稿、草图、签发、资料，都应该及时整理、妥善保存，并按立卷归档的规定，随时分类入卷，定期整理归档，不得随意丢失，更不准自行销毁。

▲ 电话管理办法

第一条 为使电话发挥最大效力并节省话费，特制定本办法。
第二条 电话由管理部统一负责管理，各部门主管负责监督与控制使用。
第三条 电话使用规范：
（1）每次通话时间以三分钟为限。通话时应简洁扼要，以免耗时占线、浪费资金；
（2）使用前应对通话内容稍加构思或拟出提纲；
（3）注重礼貌，体现公司员工良好的文化素养和精神风貌。
第四条 长途电话使用规范：
（1）各种外线电话须配置专用长途电话记录表（具体表格略），并逐次记录使用人、受话人、起止时间、联络事项及交涉结果，该表每月转管理部主管审阅；
（2）长途电话限主管以上人员使用；
（3）其他人员使用长途电话需先经主管批准；
（4）禁止因私拨打长途电话。
第五条 违反电话使用管理办法，将视情节轻重给以批评或处分。

▲ 复印机使用规定

第一条 复印文件资料要办理登记审批手续，详细填写复印时间、保密等级、份数，经公司办公室主任批准签字后送打字室复印。
第二条 为确保公司复印机的安全运转，每天下午5时关机，过时送来的文件将延至次日复印；急件经办公室主任批准后，方可临时开机。
第三条 不得擅自使用公司复印机复印绝密文件和个人材料。复印机密文件需经公司领导批准。
第四条 复印机由专人保管使用，其他人员非经允许不得自行开机。
第五条 本规定适用于各部门所属复印机的管理。

▲ 印章管理登记表

印章管理登记表

种类	区分	名称	形式	印章内容	管理责任人	办理责任人	备注
公司印章	名印	公司名印(1号) 公司名印(2号) 公司名印(股份公司用)	正方形 圆形 正方形	公司全称 公司全称 公司全称	秘书处长 秘书处长 秘书处长	秘书处长 秘书处长 秘书处长	金属制
部门印章	部门印	总务部印	正方形	公司名、部门名	总务部长	庶务处长	
	分店工厂名	××分店印	正方形	公司名、分店名	××分店经理	××分店总务处长	
	职务印章	董事经理 董事(股份公司用)	圆形 圆形	职务名称 职务名称	秘书处长 秘书处长	秘书处长 秘书处长	金属制
	部长印	财务部长印(银行专用) ××研究所长印	圆形 圆形	公司名、职务名 职务名	财务部长 ××研究所长	资金处长 ××研究所长 总务处长	

▲公章使用登记簿

公章使用登记簿

盖章时间	文件名称及发文号	公章类别	盖章次数	批准单位	批准人	公章管理人及代行人印	备注

▲长途电话使用登记簿

长途电话使用登记簿

拨出方	使用电话	发话时间 月	发话时间 日	发话时间 时	发话时间 分	接听方	对方电话	通话时间	通话内容简注

▲ 拨打长途电话申请单

拨打长途电话申请单

	单 位	职 称	姓 名	时 间
拨出方				

	单 位	姓 名	地 点	电话号码	管理员签章
通话事由					

	单 位	姓 名	地 点	电话号码	管理员签章
接听方					

第二章　现代物业人力资源管理制度与表格

▲员工考勤管理制度

1. 公司员工正常工作时间视部门工作需要而确定，因季节变化需调整工作时间由总经理办公室另行通知。

2. 公司员工一律实行上下班打卡登记制度。

3. 所有员工上下班均需亲自打卡，任何人不得代替他人或由他人代替打卡，违反者代理人和被代理人均给予记过处分。

4. 公司每天安排人员监督员工上下班打卡，并负责将员工出勤情况报告值班经理，由值班经理报至物业人事部，人事部据此核发全勤奖金及填报员工考核表。

5. 所有员工须先到公司打卡报到后，方能外出办理各项业务。特殊情况需经主管经理签卡批准，不办理批准手续者，按迟到或旷工处理。

6. 上班时间开始后5分钟至30分钟内到班者，按迟到处理；超过30分钟以上者，按旷工半日处理；提前30分钟以内下班者按早退处理，超过30分钟者按旷工半天处理。

7. 员工外出办理业务前须向部门经理说明外出原因及返回时间，否则按外出办私事处理。

8. 员工1个月内迟到、早退累计达3次者扣发全勤奖50%，达5次者扣发100%全勤奖，并给予1次警告处分。

9. 员工无故旷工半天者，扣发当月全勤奖，并给予警告处分，每月累计3天旷工者，扣除当月工资，并给予记过处分，无故旷工达一个星期以上者，作除名处理。

10. 员工因公出差，须事先填写出差登记表，副经理以下人员由部门经理批准；各部门经理出差由总经理批准。工作紧急无法请假时，须在办公室备案，到达出差地点应及时与公司取得联系。出差人员应于出差前先办理出差登记手续并交至人事部备案。凡过期或未填写出差登记表者不再补发全勤奖，不予报销出差费用，特殊情况须物业总经理审批。

11. 当月全勤者，可获得全勤奖金。

▲ 员工考评制度

1. 考评的原则：

（1）公司各部门应把考评工作作为一项常规工作来抓，每个季度进行一次，并协同人事部做好对员工的考评，使之制度化、程序化、合理化。

（2）在考评前应认真做好准备，对员工的工作表现要有充分的了解，搜集其自上次考评以来的工作表现记录，包括出勤情况、奖惩记录、直属主管的日常反映等，确保考评结果的准确性。

（3）常用的考评方式是考评者与被考评员工直接面谈交换意见。面谈应选择一个不受外界干扰的安静环境，使考评双方能在宽松而宁静的气氛中坦诚交谈，以提高考评效果。

（4）在客观公正的考评基础上，根据每一员工的业绩与表现，将其考评的结果与对员工的合理使用和相应的报酬待遇结合起来，以提高工作效率，调动员工的积极性。

（5）考评者工作要认真、仔细、实事求是，确保考评工作的公平性和客观性。

2. 考评的内容：

（1）态度。主要指员工的事业心与工作态度，包括其纪律出勤情况、工作的主动性与积极性等。

（2）素质。包括员工是否有上进心，是否忠于本职工作及其可信赖程度，还包括纪律性、职业道德、个人卫生与仪容仪表等。

（3）能力。根据员工的不同职别层次，对其业务能力、管理能力、工作能力作分类考评。

（4）绩效。主要考评员工对公司的贡献与完成工作任务的数量及质量方面的情况。

3. 考评的方法：

（1）上、下级面谈。上级领导通过直接面谈方式对其属下员工进行考评。

（2）对象比较。由被考评员工的直属上司执行，对被考评的一组员工，按照工作要求的标准，相互比较，然后采用评分或评语方式，对被考评员工工作表现进行评价。

（3）班组评议。由所在部门的同事有组织、有准备地讨论评议。班组评议由班组长或领班负责召集并汇录评议结论。考评标准或提纲由人事部和员工所在部门制定。班组评议结论需经本人阅读并签字后方可生效。

（4）个人鉴定。由被考评员工对本人的工作表现，参照公司人事部门和所在业务部门所规定的工作标准，以书面形式做自我总结。

▲ 员工奖励办法

第一章 总 则

第一条 目的

凡本公司员工长期努力提高业务水平，或从事有益本公司之发明及改进，或具有特殊功绩者，均依照本办法授予奖励。

第二条 种类

本办法规定的奖励，分服务年资奖、创造奖、功绩奖、全勤奖 4 种。

第三条 服务年资奖

员工服务年资满 10 年、20 年及 30 年，且其服务成绩及操行均属优良者，分别授予服务 10 年奖、服务 20 年奖及服务 30 年奖。

第四条 创造奖

员工符合下列各项条件之一者，须经审查合格后授予创造奖。

（1）开拓新业务，对本公司有特殊贡献者。

（2）从事有益业务的发明或改进，对节省经费、提高效率或对经营合理化等其他方面具有贡献者。

（3）根据"其他奖励"屡次接受奖励或接受奖励之提案，其效果显著者。

（4）在独创性方面虽未达发明之程度，但对生产技术等业务上确有特殊之努力，因而对本公司具有重大贡献者。

（5）前列各款至少应观察 6 个月以上之实绩，经判断确具有效果者，方属有效。

第五条 功绩奖

员工符合下列各项之一者，须经审查后授予功绩奖。

（1）从事对本公司有显著贡献之特殊行为者。
（2）对提高本公司的声誉具有特殊功绩者。
（3）对本公司之损害能防患于未然者。
（4）遇非常事变，如灾害事故等能随机应变、措施得当、具有功绩者。
（5）冒险救难、救护公司财产及人员于危难者。
（6）其他具有足为本公司楷模，有益于公司及员工之善行者。
（7）根据"其他奖励"屡次接受奖励或其功绩经重新评定应属更高者。

第六条　全勤奖

员工连续3年未请病、事假或迟到早退者，须经审查后授予全勤奖。其奖励方式系于公司成立纪念日时，颁发奖品。

第二章　奖励方式

第七条　方式

奖励方式分奖金、奖状及奖品3种。

第八条　奖金及奖状

对创造奖及功绩奖，按下列等级授予奖金及奖状。

（1）创造奖。

一等　　10000元　　二等　　7000元　　三等　　5000元
四等　　3000元　　五等　　1000元

（2）功绩奖。

一等　　3000元　　二等　　2000元　　三等　　1000元

第九条　奖品

对服务年资奖授予奖品及奖状，奖品内容另定。

第十条　再奖励

员工有下列情形之一者，给予再奖励。

（1）根据第四条接受奖励后，其效果被评定为更高时，或同一人对同一事项再施予改良时。
（2）根据"其他奖励"接受奖励后，其效果或功绩被评定为更高时，或同一人对同一事项再施予改进时。
（3）根据第五条接受奖励后，其功绩经重新评定为更高时。

第十一条　由2人以上共同获得奖金的情形

奖励事项如为2人以上共同合作而完成者，其奖金按参加人数平均分配。

第三章 颁　　奖

第十二条　审查手续

应奖励事项，由物业主管部（室）经理依据有关文件向总务经理申请。

第十三条　员工奖励审查委员会

奖励种类及等级之评定，由员工奖励审查委员会负责办理。审查委员会由副总经理担任主任委员，企划经理、总务经理、业务经理、财务副理、事务经理及副理担任委员。以总务部为主办单位。

第十四条　奖励的核定及颁发

由总经理室决定奖励的核定及颁发。

第十五条　颁奖日期

原则上每年1次，于本公司成立纪念日颁发。

第四章 附　　则

第十六条　本办法经董事会通过后公告实施，修改时亦同。

▲员工处罚制度

对违章违纪行为的处罚分为轻度过失、警告、记小过、记大过、撤职和降级、辞退和除名。

1. 轻度过失。

有下列行为之一者，质检办及部门经理有权给予扣除10%～50%浮动工资的处罚：

（1）迟到或早退超过5分钟，每月达2次；

（2）上班时间看书、阅报、吃食物、喝饮料、打瞌睡；

（3）随地吐痰，乱丢纸屑、杂物；

（4）不按规定时间到员工餐厅就餐，不遵守员工餐厅就餐规定；

（5）私自搭乘非员工使用的电梯；

（6）不走员工通道，穿行大堂，着便装进入工作岗位；

（7）在考勤卡上乱涂乱画，无故缺打考勤卡1月2次以内；

（8）进出员工通道口拒绝警员查验拎包；

（9）不按规定时间洗澡，违反倒班宿舍各项规章制度；

（10）在规定的禁烟区吸烟；

（11）当班时间听录音机、看电视；

（12）上班时间打私人电话或用电话聊天；

（13）上班时间私自外出购物、吃早点、着工装下班；

（14）工作时间擅离岗位，串岗或扎堆聊天；

（15）下班后无故在单位内逗留；

（16）不经请示擅自带单位外人员进入大厦；

（17）更衣柜内存放不应存放的物品；

（18）对上级分派的工作迟缓、拖延；

（19）被客人投诉一次情节较轻者；

（20）工作责任心不强，粗心大意，造成工作差错；

（21）在工作场所剔牙、挖耳、抓痒、抠鼻孔、照镜子、化妆、打响指、吹口哨、手插口袋、双手叉腰等有失职业风度的举动；

（22）在办公室和公众场所仪容不整，不按规定着装，长发过肩，不佩戴工牌等；

（23）服务不主动、不热情，不用敬语和礼貌用语，不积极解决客人提出的力所能及的要求，引起客人不愉快；

（24）员工有违章违纪行为，在场的管理人员不纠正、不制止，不履行管理责任，情节较轻者；

（25）违反有关规章制度和部门规定，情节不足警告者。

2. 警告。

有下列行为之一者，部门经理有权提出并经公司批准给予警告处分并扣罚当月全部浮动工资：

（1）1个月之内有2次轻度过失者；

（2）没有完成领导交给的工作任务，或有意怠工；

（3）服务效果差，被客人投诉2次；

（4）言语粗俗，对客人不礼貌，与客人争辩，不经同意擅自闯入经理办公室；

（5）当班时间睡觉；

（6）代人打卡或托人打卡，弄虚作假，虚报考勤。1月内无故缺打考勤卡2次以上，迟到或早退2次以上；

（7）工作中搬弄是非，诽谤他人，散布不利于团结的言论；工作上缺乏协调合作精神，致使工作受到影响；

（8）违反部门制定的安全守则、工作程序、操作规范和各项规章制度；

（9）旷工1天以内；

（10）警员不履行督查责任，发现问题不制止、不汇报；

（11）对下属不管理，发现违纪不制止、不批评、不按规章处罚；

（12）由于工作责任心不强造成经济损失500元以下（除按原价赔偿外）；

（13）员工更衣柜内被查获财物，情节较轻者；

（14）私自使用物业设施；

（15）所犯错误比轻微过失稍重者；

（16）所犯错误不足记小过者。

3. 记小过。

有下列行为之一者，领导有权给予记小过处分，并连续扣除3个月全部浮动工资：

（1）两个月之内受到2次警告处分；

（2）一个月之内连续2次受到客人投诉；

（3）上班时饮酒或带有醉态；

（4）私自接受客人小费或物品；

（5）工作时间高声喧哗或干扰客人休息；

（6）由于个人工作失误及责任而影响客人工作；

（7）违反各部、室所制定的工作程序和规章制度以致造成隐患；

（8）由于工作责任心不强，给单位造成经济损失500元以上至2000元以下（除按原价赔偿外）；

（9）用不适当手段干扰他人工作；

（10）未经批准私自使用单位的设备，如：车辆、餐厅、餐具、洗衣房设备等；

（11）明知财物受损失或丢失，而不管不问不汇报；

（12）提供不真实的报告、材料；

（13）泄露机密，遗失单位钥匙、单据等重要物品；

（14）旷工1天以上，2天以下；

（15）所犯错误不足记大过者。

4. 记大过。

违反下列规定者，部门经理有权提请人事部及质检办并报主管领导批准，给予记大过处分，连续扣除6个月全部浮动工资：

（1）半年内受到2次记小过处分；

（2）两个月之内3次受宾客投诉；

（3）工作时擅离岗位或玩忽职守，造成一定恶劣影响；

（4）旷工 2 天，不足 3 天；

（5）领导分配工作不接受；

（6）造成停电、停水、停机等重大事故的责任者；

（7）责任损失在 2000 元以上；

（8）违反外事纪律；

（9）违反规章，不足辞退和除名。

5．撤职或降级。

凡有下列行为者，人事部按任免权限或提请总经理，给予撤职或降级处分。

（1）所辖部门工作长期无起色；

（2）有严重渎职行为；

（3）所犯错误丧失领导资格；

（4）犯有严重错误。

6．辞退、除名或开除。

有下列行为之一者，根据部门经理提议，人事部提请总经理批准，解除劳动合同，给予辞退、除名，错误严重者做开除处理：

（1）试用不符合录用条件；

（2）严重失职、营私舞弊，造成重大损失；

（3）被公安部门依法追究刑事责任；

（4）不能胜任工作，经过培训或者调整岗位仍不能胜任工作；

（5）患病或非因工负伤，医疗期满后不能从事原工作也不能从事另行安排的工作；

（6）连续旷工 3 天或累计旷工 15 天以上；

（7）2 个月之内 4 次受宾客投诉；

（8）盗窃或私拿单位物品；

（9）侮辱、诽谤、殴打、恐吓、威胁、危害同事和上级或打架斗殴；

（10）酗酒、赌博；

（11）其他违反法律或治安条例的行为；

（12）不服从上级指挥，拒绝上级指派的工作，经教育无效；

（13）故意损坏公物；

（14）贪污、挪用公款；

（15）利用职务和工作之便，接受贿赂，或利用不正当手段中饱私囊；

（16）擅自对外界发表有关公司的诬蔑性言论，发表有损公司声誉的言论；

（17）书写匿名诬告信；

（19）严重损坏单位形象；

（20）记一次大过或两次小过或 4 次警告或一次小过两次警告处分仍无明显悔改表现；

（21）其他严重违纪违章行为。

7. 取消处分。

受警告以上处分一律填过失单装入档案。受处分后，本人认真吸取教训，积极努力工作，做出显著成绩者，可以撤销处分。一旦撤销处分，即可从档案撤出处分卡片。撤销处分按处分权限执行。撤销处分的最早时间：警告处分不少于 1 个月，记小过处分不少于 3 个月，记大过处分不少于 6 个月。有特别突出表现者，经总经理批准撤销处分的时间可以提前。

8. 处分作用期限。

凡受过警告以上处分者，当年奖金不能全额享受。凡上半年受一个警告处分者，半年奖金享受 30%，受记小过以上处分者奖金全免。年内受一个警告处分者，年终奖金享受 70%，受记小过处分者，年终奖金享受 30%，受记大过处分者，年终奖金全免。凡因改正错误表现突出而被撤销处分者，从撤销之日起的奖金发放不受影响。

9. 员工申诉权。

员工有申诉的权利。凡对奖励或处分有异议者，可自宣布之日起 3 日内向本部门或质检办、人事部提出申诉，由人事部同有关部门进行调查，并自申诉之日起 30 日内作出最后决定。人事部对申诉事件未作最后决定之前仍按原决定执行。如果人事部超过 30 日未作答复，申诉者可直接向总经理申诉。主管部门对申诉者应以实事求是的态度慎重处理。

▲ 出差管理制度

出差管理制度（一）

1. 公司出差人员出差前应填写"出差申请单"。

2. 出差人凭"出差申请单"向公司财务部暂支相当数额的差旅费，返回后一周内填具"出差旅费报告单"，并结清暂支款。

3. 国内出差六天内由部门经理核准，四天内由副总经理核准，部门经理以上人员出差一律由公司总经理核准。

4. 国外出差一律由总经理核准。

5. 出差不得报支加班费，但假日出差酌情予以计算。

6. 出差途中除因病或遇意外灾害，或因工作实际需要，电话联系请示批准延时外，不得因私事或借故延长出差时间，否则除不予报销差旅费外，并依情节轻重进行处罚。

7. 交通费、住宿费、膳食费、通信费和交际费按规定标准凭据报销，超标自付，欠标不补。

出差管理制度（二）

1. 为培养员工廉洁、勤勉、守纪、高效的精神，特制定员工出差管理办法。
2. 公司员工出差按如下程序办理：
（1）出差前填写"出差申请单"，期限由派遣主管按需予以核定，并按程序审核。
（2）凭"出差申请单"向财务部预支一定数额的差旅费。返回后一周内填具"出差旅费报告单"并结清暂付款，在一周以外报销者，财务部应于当月薪金中先予扣回，待报销时一并核付。
（3）差旅费中"实报"部分不得超出合理数额，对特殊情况应由出差人出具证明。否则财会人员有权拒绝受理。
3. 出差审批程序和权限如下：
（1）国内出差：一日以内由经理核准，超过一日由总经理核准。经理（含副经理和相同级别的技术人员）以上人员一律由总经理核准；
（2）国外出差：一律需由总经理核准。
4. 出差行程中除特殊情况外一般不得报销加班费，假日出差可酌情加薪。
5. 除因公务、疾病或意外灾害需经主管允许延时外，不得借故延长出差期，否则不予报销旅费，并依情节轻重给予纪律处分。
6. 国内出差：
（1）出差旅费分为交通费、住宿费、伙食补助、杂费等特别费（包括邮电、交际等费用）。
①交通费需依票根或发票（如出租车）认定，车票丢失者应说明丢失原因，使用公司交通工具者不支付交通费。
②住宿费需依凭证按上述标准核报，本公司备有住宿场所时不支付住宿费。
③伙食补助应依支付标准报销，但由公司供应餐食或已报销交际费者，不再支付。
④杂费依有关规定支付。

⑤特别费依凭证核报。

(2) 出差返回超过午夜12时者，可在标准外增发交通费和餐费30元。

(3) 杂费及伙食补助计算标准：

①出差杂费按离开公司所在地实际天数计，超过十小时不足一天者按一天计，不足十小时者不计；

②上午七时前出差者，应报销早餐费，于下午一时后返还者报销午餐，于晚上七时以后返还者报销晚餐费用；

③出差一日者不受以上标准限制。

(4) 随同高职人员出行的低职人员，伙食补助、住宿费可按高职人员出差旅费标准支付。

(5) 因时间急迫或合理成本考虑而需搭乘飞机时，须经总经理核准。

(6) 因时间急迫或交通不便根据业务需要必须乘坐出租车时，须经经理同意。

7. 国外出差：

(1) 国外出差旅费分交通费、生活费及特别费，支付标准如下：

①出国人员如夜间恰在旅途中，不得报销住宿费；

②报销旅费凭车船机票，住宿费凭发票；

③特别费报销方法同国内出差；

④接受招待或报销交际费者，核减相应的餐费。

(2) 员工派赴国外受训考察等，其食宿由其他公司安排者，每日支付生活费120元。

(3) 出国人员因公所花的交际费、应酬费，除由总经理核准由公司开支的部分外，多余部分概由个人负担。

(4) 出国人员计划外的行程，交通费须由总经理核批，方可报销。

(5) 出国人员出国前应提出出国申请计划书，并于回国后十日内提交出国人员工作计划检查报告。

▲国内出差管理规定

第一条 本公司所属员工因公在国内出差，均按本规定预支和决算差旅费。

第二条 本公司员工乘坐火车、飞机、轮船时按下表标准发给交通费：

(1) 乘坐轮船火车及长途汽车时凭相应的票根报账；

(2) 逢紧急公务必须搭乘飞机时，应事先报告主管领导批准后方可成行。事后凭飞机票报销；

（3）搭乘公司交通工具者，不予报销交通费。

第三条 出差员工的伙食、住宿、杂费按物业总经理批准核发。

第四条 出差期间因公支出下列费用，如能提出书面理由并报请主管上司批准，可准予按实报销，并按下列规定办理：

（1）乘坐出租车应取得汽车公司开具的统一发票，并据此报销；

（2）电报、电话费凭电信局正式收据报销；

（3）邮费凭邮局证明报销；

（4）因公宴客费用，凭饭店正式发票报销；

（5）因公携带的文件资料和行李托运费，凭公交部门正式托运费收据报销。

第五条 员工出差，由物业人事部填写通知单一式两份，送请总经理核准后，一份送秘书处登记，一份由出差人员保存。

第六条 员工出差返回后三日内填具出差旅费报销单，送请总经理核批后，送秘书处审签，出纳人员方得予以报销。

第七条 员工出差前，凭核准的派遣出差通知单预借差旅费，于出差完毕报销差旅费时扣还结清。

第八条 市内及短程（一日内）出差人员，除按实报销车费外，可报销合理次数的误餐费。

（1）下午1时以后出差回来者准予报销午餐费；

（2）下午8时以后出差回来者准予报销晚餐费；

（3）不得再报销加班费。

第九条 奉令调遣人员，可依照以上有关条文报销交通费、伙食费及行李托运费。但在公司用餐者不得报销误餐费。

▲出差手续及差旅费支付制度

出差手续及差旅费支付制度（一）

第一章 总 则

第一条 本制度旨在确定公司管理人员和员工因公司业务出差的手续及差旅费支付标准。由于出差目的、性质、时间及费用支出千差万别，难作统一规定，故本制度仅作一般性规定。

第二条　本制度未涉及事项，均按有关细则处理。对海外出差，将另行规定。

第三条　出差分为"近距离外出"、"当日出差"（当日回来）和"住宿出差"三类。

第四条　近距离外出是指利用交通工具，以公司总部为中心，半径为×千米范围的外出。外出范围由总务部主管与总经理协商决定。在必要时，近距离外出可变更为当日出差，或作住宿出差处理。

第五条　当日出差，是指从公司出发后，当日可返回的出差。当日出差的地域范围由总务部主管与总经理协商决定。但它不得与前条所述地域重复。地理偏僻或交通不便地区，可按住宿出差处理。

第六条　住宿出差，是指出差到较远的地方，通常需要住宿的出差。因出差内容和需要时间的差别，有些住宿出差也可以作为近距离外出或当日出差处理。

第七条　出差路线一般应选择最短的且最方便的线路。应尽量减少出差所用时间。出差途中如遇天灾人祸等不可抗拒因素，需改变路线时，需得到总务部主管同意，按实际旅费支付。

第八条　员工私人旅行兼公务出差时，公司向其支付用于公务出差部分的差旅费。

第九条　出差费在区分"近距离外出"、"当日出差"和"住宿出差"前提下分别支付。

第十条　出差费及报销。

1. 出差费包括以下内容：
（1）铁路、船舶、飞机票费；
（2）交通费；
（3）出差补贴；
（4）住宿费；
（5）通信费；
（6）其他伴随出差发生的正当费用。

2. 铁路、船舶、飞机票费依种类和等级实报实销。

3. 交通费指短距离乘坐公共汽车、地铁等的费用，据个人申报，按实际费用支付。原则上不得乘坐出租车。

4. 出差补贴用于出差者的饮食和杂费支出，按出差回报定额支付。上午出差按全额支付，下午出差按半额支付，晚上8时以后不支付。

5. 住宿费按定额住宿天数支付，在火车上过夜的按半额支付。

6. 出差中的电话、传真、信函、汇款、邮票等通信费依据报销凭证实费支付。

第十一条　出差费原则上应在一周前，通过《出差计划表》提出预算，经分公司主管批复后支付。

第十二条　当交易客户、相关公司人员或公司管理人员随行，或因不得已理由，出差费超出规定时，经随行管理人员或公司财务主管批准后，按实际费用报销。

第十三条　驾驶或搭乘公司车辆出差时，不支付交通费。

第十四条　出差过程中，利用出租车仅限于有交易客户同行、紧急情况、有可能耽误出发时间或携带物品过重、下雨天访问客户等情况。这时按实额支付出租车费。但必须在出差费报销单中说明理由，并经随行管理人员或公司财务主管批准后方能报销。

第十五条　出差过程中，如遇出差人公休日，应以公务为重，继续执行出差任务。但是，如遇出差单位公休日，无法开展工作时，可安排休息。为避免这种情况发生，出差前，应事先与有关单位联系。出差归来后，可补足休息日。

第十六条　出差过程中，因生病、交通中断或其他意外情况超过预定期限停留时，在查清事实基础上，可按长期滞留费标准支付费用。

第十七条　在出差地招待客户，原则上应先在《出差计划表》中提出具体预算，并经上级主管批准。其金额一般限定在×××元之内，部门主管以上限定在×××元之内。

第二章　近距离外出及当日出差

第十八条　出差者必须提交《出差申请表》，经物业主管批准后方可出发。

第十九条　出差者从公司出发和归来时，必须向物业经理报到。不能按期回公司时，需通过电话等方式与公司联系。

第二十条　当日出差者完成出差任务，回公司后，应填写出差回报，提交给上级主管。

第二十一条　近距离外出，仅对交通费实报实销。当日出差，依不同职务支付出差补贴和交通费。

第二十二条　日常性的当日出差费，可依据出差计划表提出概算，并预付出差费。

第二十三条　当日出差如遇紧急情况或其他不可抗拒的原因，需在外住宿时，按住宿出差的有关规定支付住宿费。但应提前与主管上司联系，并得到其批准。

第三章　住宿出差

第二十四条　出差者必须事先提出出差计划表，提交物业经理批准。

第二十五条　出差者依据批复的出差计划表，向财务部提出出差费预算，并申请预付出差费。财务部对未清算上次出差费者，拒绝预付出差费。

第二十六条 出差者必须每日自出差地向物业经理寄送出差回报一式两份。但出差时间为两天者，可回公司后提交。对不按规定邮送或提交出差回报者，停发相应的出差补贴，但特殊情况者除外。

第二十七条 出差者回公司后，应于两日以内填写出差费表，经物业经理签字后，提交给财务部，以作结算。如出差者回公司后遇公休日，原则上应在次日办理出差费结算。

第二十八条 对住宿出差者依不同职务支付铁路、船舶、飞机票费以及住宿费和交通费。

第二十九条 出差者原则上应在公司指定的旅馆住宿。如变更旅馆，须事先进行联系。

第三十条 在特殊情况下，经物业经理批准后，可搭乘快速列车或飞机出差。除总经理外，一般坐普通舱。

第四章 特别旅费处理

第三十一条 出席招待会、客户接待出差、投宿于公司驻外机构时，不支付住宿费。来往于公司总部和各分公司之间的出差，原则上必须利用公司的住宿设施。投宿于亲友家时，支付50%的住宿费。

第三十二条 在同一地区连续停留超过7日的，视为长期滞留出差。

第三十三条 出差目的与内容跟一般出差有区别的，为特殊业务出差，如参加研讨会、招待客户、随客户出差。

特殊业务出差的出差费支付标准如下：

（1）出席研讨会时，支付火车、船舶、飞机票费，住宿费及其他必要的费用，原则上实报实销；

（2）因招待客户出差时，支付预算范围内的接待费、火车、船舶、飞机票费、住宿费、其他杂费和相当于30%的补贴，原则上实报实销；

（3）异地赴任则按另行规定处理。

第三十四条 出差中不允许进行私人旅行。在不得已情况下，如欲进行私人旅行，需得到物业经理的批准。私人旅行日数应从本制度中的出差日期数中扣除。

第五章 附　　则

第三十五条 本制度自×××年×月×日起实施。

出差手续及差旅费支付制度（二）

第一条 本制度除适用于本公司正式员工外，还适用于：
（1）顾问（原则上适用于公司高级主管的有关规定）；
（2）特约人员（依具体职位确定）；
（3）试用人员；
（4）退休人员（如为处理遗留业务而出差）；
（5）为公司业务而出差的其他人员。

第二条 车费包括：
（1）认定路线的车费；
（2）特殊认可的汽车费。

第三条 审批权限：
（1）部门负责人三日以上的出差，需经公司总裁批准。但依照公司指示，参加会议不在此限。
（2）一般员工出差，需经直属部门主管批准，并上报相关部门。
（3）工厂、分公司、驻外机构人员出差，需经公司总裁批准。

第四条 私人旅行需办理以下手续：
（1）事先填报申请，并经直属部门主管批准；
（2）旅行过程中，需与直属部门主管保持联系。

第五条 利用飞机出差，必须在出差申请书上明确说明。

第六条 在下列情况下，可乘坐卧铺出差：
（1）同行者乘坐卧铺；
（2）出差途中患病。

乘坐卧铺时，不支付住宿费。

第七条 原则上长距离出差可乘坐快速列车。

第八条 对长期滞留出差的处理是，在同一地区连续滞留十日以上时，对超过日数，减付10%的出差补贴和住宿费合计额。

第九条 特例出差是指按照出差地单位的习惯，由对方提供住宿条件或提供住宿费。

第十条 差旅费超支是指：
（1）超出差旅费基准的规定；
（2）实际费用超支。

第十一条 出差出发时间为上午，出差归来时间为下午时，支付当日全额差旅费。计算基准为交通工具的票根。

第十二条　预支手续

（1）从概算额中扣除预付额，预付额不得超出对客户收款额；

（2）超出预付额部分，凭有关凭证报账结算；

（3）特殊情况下，需经财务主管批准，凭出差日报领取和结算。

第十三条　出差报告原则上应包括：

（1）出差地、日程和出差单位；

（2）出差处理事项；

（3）出差条件及意见。

第十四条　休息日出差时，公司发给两天的休息出差补贴。

第十五条　交通费按审定路线实报实销。

第十六条　经常出差包括以下人员：

（1）推销员；

（2）宣传人员；

（3）其他特殊人员。

第十七条　当出差者在同一城市出差，或公司认为没有必要支付时，不向其支付补助。

第十八条　申请赴任补助时，必须通过直属部门主管向总务部门申请。

第十九条　近距离出差的支付办法是区分经常出差者和非经常出差者，然后按实际出差时间长短（分为4~6小时、6~8小时和8小时以上）分别支付不同数额的出差费。

▲人员聘用制度

1. 经核定录用的人员，由人事部根据甄选报名单发给《报到通知单》，请其于报到时携带下列资料：

（1）保证书；

（2）服务自愿书；

（3）员工资料卡；

（4）相片6张；

（5）户籍誊本；

（6）身份证复印件；

（7）体检表；

（8）扶养亲属申报表；

（9）学历证件复印件。

（以上应缴资料视情况可增减）

2. 管理人员任用，视情况可发给《聘任书》。

3. 新进人员报到时，人事部即发给"报到程序单"，并检收其应缴资料，若资料不全，应限期补办，否则首月薪资可暂扣发。

4. 人事部随后应亲切有礼地引导新进人员依报到程序单上的顺序，逐项协助办理下列手续：

（1）领取员工手册及识别证；

（2）制考勤卡并解释使用；

（3）领制服及制服卡（总务科主办）；

（4）领储物柜钥匙（总务科主办）；

（5）若有需要，填《住宿申请单》；

（6）登记参加劳保及参加工会；

（7）视情况引导参观各单位及安排职前训练。

5. 前务逐项办理完毕后，人事部即填制《新进人员简介及到职通知》，引导新进人员向单位主管报到，由单位主管收存到职通知后依《职前介绍表》逐项给予说明，并于报到程序单上签章交回人事部，表示人员报到完毕。

6. 人事部依据报到程序单随后应办理下列事项：

（1）填《人员异动记录簿》。

（2）登记人事部管理用的《人员状况表》。

（3）管理人员发布《管理人员到职通报》。

（4）登记对保名册，安排对保。

（5）填制《薪资通知单》办理核薪。

（6）收齐报到应缴资料（扶养亲属申报表转会计科）连同甄选报名单建立个人资料档案，编号列管。

▲新进人员试用制度

1. 新进人员试用期为3个月（作业员为40天），届满前一周由人事单位提供《考核表》，分甲（干部人员）、乙（一般人员）两种，并登记被考核人试用期间出勤资料，依人事权限划分表顺序，逐级考核。

2. 人事单位根据考核表发给《试用期满通知》。

3. 人事单位发出试用期满通知后，依不同的批示，分别办理下列事项：

（1）试用不合格者，另发给通知单。

（2）调（升）职者，由人事单位办理异动作业。

（3）薪资变更者，由人事单位填制《薪资通知单》办理调薪。

（4）前务办理完毕后，《考核表》应归入个人资料袋中。

（5）新进人员在试用期内，表现不合要求，单位主管认为有必要停止试用时，可立即提前办理考核，并签人事异动申请单，报请权限主管核定停止试用。

▲ 员工培训制度

1. 员工培训的原则：

（1）理论与实际相结合。在搞好职工专业技能等实践方面的培训后，不能忽视对其进行理论培训。

（2）因人而异，因材施教。

（3）近期目标与长远目标相结合。

2. 培训目的：

（1）提高员工队伍素质和公司管理水平。

（2）挖掘企业潜力，提高经济效益。

3. 组织领导与任务：

在物业总经理室领导下，由人事部负责具体员工培训工作的实施。

其培训任务为：

（1）各类专业技术人员业务培训教育的组织与考核；

（2）各级行政管理人员培训教育与考核；

（3）新职工岗前培训教育与考核；

（4）干部任职前的培训教育与考核；

（5）特殊专业外出学习、取证工作管理；

（6）其他临时性培训任务。

4. 培训内容：

（1）政策、法规教育；

（2）专业技术理论、知识技能和本岗实际操作教育；

（3）管理理论、知识、工作方法及相关的业务知识教育；
（4）其他专项教育内容。

5. 培训方式：

（1）长期脱产培训（3个月以上）；
（2）短期脱产培训；
（3）业余培训。

6. 审批程序：

（1）本公司原则上严格控制长期脱产培训人员，若确实因工作需要，必须填写外出培训审批表，经主管经理同意批准，劳动人事部备案。
（2）主要用于上岗前的短期脱产培训，由劳动人事部与物业经理协商后实施。
（3）业余学历培训，企业不负担各项支出。培训人员需在劳动人事部备案。

7. 培训期间的待遇：

（1）长期脱产培训人员的学费由企业负担，其工资、福利不变。学习期间不享受奖金；
（2）短期脱产培训人员的待遇和在职员工一样；
（3）没有经批准利用工作时间外出学习的人员，一律按旷工处理。

8. 培训档案与合格证书：

（1）人事部建立员工培训档案，为员工的晋升、使用提供参考依据。
（2）人事部对参加培训人员，经考核合格者发放证书，不合格按公司劳动管理的有关制度执行。

▲ 员工解雇、辞退处理制度

1. 因公司业务情况或方针有变而产生冗员及员工不能胜任工作而又无法另行安排者，公司有权予以解雇。
2. 解雇需提前一个月书面通知其本人，或发给一个月基本工资代替此项通知。
3. 根据员工在本公司具体工作时间，每满一年发给一个月的基本工资。
4. 公司员工离职都应办妥离职手续，否则公司不予提供该员工的任何有关人事资料或冻结其名下工资，必要时采取法律途径追讨公司损失。
5. 员工因违反公司规章制度，经教育或警告无效，公司可以马上辞退，无需提前一个月通知本人。

▲临时工录用、辞退规定

1. 录用原则。

各部门根据工作需要，在编制定员以内，可招用临时工。临时工必须政历清楚，身体健康，且年龄、身材、容貌符合要求。

2. 录用范围。

下岗、退休、离休等人员。

3. 录用程序。

（1）求职者须持求职证、身份证等证件到物业人事部面试，填写临时工登记表。

（2）需要录用时，通知其到指定医院体检。

（3）体检合格者，可到用工部门试工，为期1周。试工不合格者，将退回人事部。试工前先由人事部组织学习有关规定并培训。

（4）试工期合格者，签订合同，并由人事部核发"临时录用通知"，通知有关部门。

4. 辞退。

凡有下列情况之一者予以辞退：

（1）违法乱纪；

（2）患各类传染疾病；

（3）不服从调配；

（4）工作中出现重大责任事故；

（5）私拿客户或单位物品；

（6）一个月内遭到客户投诉两次以上；

（7）故意损坏单位财物；

（8）旷工。

▲员工牌、工作证管理制度

1. 公司的员工牌、工作证按部门分号，各部门的排号以本公司的机构设置为序，由人事部统一编排造册发放。

2. 员工牌、工作证上面应有本人正面彩色免冠照片，加盖公司公章，上面注明其本人姓名、所属部门、职位、入职日期、员工号等。

3. 工作证编号由人事部编排，向员工收发时应做好登记。

4. 工牌号码由总经理室、人事部、保安部、本部门各保存一份。

5. 员工应保管好员工牌和工作证，不得和其他人交换使用，不得在上面乱涂乱画。

6. 员工牌、工作证若有遗失，应及时向人事部反映，并及时补办。

7. 员工变动或离开公司时将工作证交回人事部。

▲ 行政人员月度考勤综合表

行政人员月度考勤综合表

部门：　　　　　　　　　　　　　　年　月　日

姓名	出勤情况				备注
	旷工（天）	出勤（天）	其 他	共应扣（元）	

说明：

　　1. 事假一天扣5元，事假超过10天不发劳务费、季度奖、奖励工资。

　　2. 旷工期间停发基本工资，不发劳务费、季度奖、奖励工资。

　　3. 事假超过一个月按上级规定处理。

　　4. 病假满一个月扣发劳务费、季度奖、奖励工资。

　　5. 本表一式三份（一份人事处备案，一份本部门，一份自存）。

秘书：　　　　　　　　　　　　部门领导：

▲ 行政人员考勤记录表

行政人员考勤记录表

部门或班级　　　　　　　年　月份

序号	姓名	日　期													本月合计	
		1	2	3	4	5	6	7	8	9	10	11	12	13	14	…	旷工	出勤
1																		
2																		
3																		
4																		
5																		
6																		
7																		
8																		
9																		
10																		
11																		
12																		
备注																全月累计		
记录符号		出勤用 "✓"，旷工用 "×"															

考勤员：　　　　　　　　　　　部门负责人：

▲ 员工奖励通知书

员工奖励通知书

执行单位		文件编号		文件页码	1
内容	致_____先生/小姐　　部门：_____　职位：_____ 由_____部（处）_____先生/小姐　签发日期：_____ 一、奖励详情： 　　1. 　　2. 　　3. 二、鉴于上述情况，给予如下奖励： 　　□书面嘉奖（通报表扬）。 　　□奖励_____元。 　　□晋职_____（职位）。 　　□晋级_____（级别）。 　　□其他（请注明）_____ 三、签认意见： _____ 　　　　　　　　　签名：_____　日期：_____ 四、部门经理意见： _____ 　　　　　　　　　签名：_____　日期：_____ 五、总经理意见： _____ 　　　　　　　　　签名：_____　日期：_____					
抄报部门		签发人及 签发日期		签收人及 签收日期	

▲ 员工过失通知书

员工过失通知书

执行单位		文件编号		文件页码	1
内容	致_____先生/小姐　　部门：_____职位：_____ 由_____部（处）_____先生/小姐　签发日期：_____ 一、过失详情： 　1. 　2. 　3. 二、鉴于上述情况，给予如下纪律处分： 　□口头批评。 　□扣除薪金_____元。 　□其他（请注明）_____ 三、签认意见（如不签认，请见证人签字）： _____ 　　　　　　　签名：_____ 日期：_____ 四、部门经理意见： _____ 　　　　　　　签名：_____ 日期：_____					
抄报部门		签发人及 签发日期		签收人及 签收日期	

▲ 员工警告通知书

员工警告通知书

执行单位		文件编号		文件页码	1
内容	致_____先生/小姐　部门：_____　职位：_____ 由_____部（处）_____先生/小姐　签发日期：_____ 一、警告详情： 　　1. 　　2. 　　3. 二、鉴于上述情况，给予最后警告，并予以如下纪律处分： 　　□降职为_____（职位）。 　　□降薪_____级。 　　□其他（请注明）_____ 三、签认意见（如不签认，请见证人签字）： 　　_____ 　　　　　　　　签名：_____　日期：_____ 四、部门经理意见： 　　_____ 　　　　　　　　签名：_____　日期：_____ 五、总经理意见： 　　_____ 　　　　　　　　签名：_____　日期：_____					
抄报部门		签发人及签发日期		签收人及签收日期	

▲ 员工申请报告单

员工申请报告单

病假□ 事假□ 辞职□ 辞退□ 开除□ 补休□ 年假□

部门		姓名		入职时间		性别	
申请理由					签名：	年 月 日	
班组意见					签名：	年 月 日	
部门意见					签名：	年 月 日	
人事意见					签名：	年 月 日	
总经理意见					签名：	年 月 日	

▲ 员工公休假期通知单

员工公休假期通知单

姓名：		年龄：		入职时间：	
住　　址				联系电话	
从事部门					
何时休息					
人事部意见					
总经理意见					

公休假期通知单

_____部（室）：

　　兹有_____同志享受公假共计_____天，从_____年_____月_____日起至_____年_____月_____日止。

　　（假期内不影响全勤评奖）

行政人事部
年　月　日

第三章　现代物业财务管理制度与表格

▲财务管理规定

第一章　总　则

第一条　为了规范物业管理企业财务行为，有利于企业公平竞争，加强财务管理和经济核算，结合物业管理企业的特点及其管理要求，制定本规定。

除本规定另有规定外，物业管理企业执行《施工、房地产开发企业财务制度》。

第二条　本规定适用于中华人民共和国境内的各类物业管理企业（以下简称企业），包括国有企业、集体企业、私营企业、外商投资企业等各类经济性质的企业；有限责任公司、股份有限公司等各类组织形式的企业。

其他行业独立核算的物业管理企业也适用本规定。

第二章　代管基金

第三条　代管基金指企业受业主管理委员会或者物业产权人、使用人委托代管的房屋共用部位维修基金和共用设施设备维修基金。

房屋共用部位维修基金是指专项用于房屋共用部位大修理的资金。房屋的共用部位，是指承重结构部位（包括楼盖、屋顶、梁、柱、内外墙体和基础等）、外墙面、楼梯间、走廊通道、门厅、楼内存车库等。

共用设施设备维修基金是指专项用于共用设施和共用设备大修理的资金。共用设施设备是指共用的上下水管道、公用水箱、加压水泵、电梯、公用天线、供电干线、共用照明、暖气干线、消防设施、住宅区的道路、路灯、沟渠、池、井、室外停车场、游泳池、各类球场等。

第四条　代管基金作为企业长期负债管理。

代管基金应当专户存储，专款专用，并定期接受业主管理委员会或者物业产权人、使用人的检查与监督。

代管基金利息净收入应当经业主管理委员会或者物业产权人、使用人认可后转作代管基金滚存使用和管理。

第五条　企业有偿使用业主管理委员会或者物业产权人、使用人提供的管理用房、商业用房和共用设施设备，应当设立备查账簿单独进行实物管理，并按照国家法律、法规的规定或者双方签订的合同、协议支付有关费用（如租赁费、承包费等）。

管理用房是指业主管理委员会或者物业产权人、使用人向企业提供的办公用房。

商业用房是指业主管理委员会或物业产权人、使用人向企业提供的经营用房。

第六条　企业支付的管理用房和商业用房有偿使用费，经业主管理委员会或者物业产权人、使用人认可后转作企业代管的房屋共用部位维修基金；企业支付的共用设施设备有偿使用费，经业主管理委员会或者物业产权人、使用人认可后转作企业代管的共用设施设备维修基金。

第三章　成本和费用

第七条　企业在从事物业管理活动中，为物业产权人、使用人提供维修、管理和服务等过程中发生的各项支出，按照国家规定计入成本、费用。

第八条　企业在从事物业管理活动中发生的各项直接支出，计入营业成本。营业成本包括直接人工费、直接材料费和间接费用等。实行一级成本核算的企业，可不设间接费用，有关支出直接计入管理费用。

直接人工费包括企业直接从事物业管理活动等人员的工资、奖金及职工福利费等。

直接材料费包括企业在物业管理活动中直接消耗的各种材料、辅助材料、燃料和动力、构配件、零件、低值易耗品、包装物等。

间接费用包括企业所属物业管理单位管理人员的工资、奖金及职工福利费、固定资产折旧费及修理费、水电费、取暖费、办公费、差旅费、邮电通信费、交通运输费、租赁费、财产保险费、劳动保护费、保安费、绿化维护费、低值易耗品摊销及其他费用等。

第九条　企业经营共用设施设备支付的有偿使用费，计入营业成本。

第十条　企业支付的管理用房有偿使用费，计入营业成本或者管理费用。

第十一条　企业对管理用房进行装饰装修发生的支出，计入递延资产，在有效使用期限内，分期摊入营业成本或者管理费用。

第十二条　企业可以于年度终了，按照年末应收账款余额的0.3%～0.5%计提坏账准备金，计入管理费用。

企业发生的坏账损失，冲减坏账准备金。收回已核销的坏账，增加坏账准备金。不计提坏账准备金的企业，发生的坏账损失，计入管理费用。收回已核销的坏账，冲减管理费用。

第四章　营业收入及利润

第十三条　营业收入是指企业从事物业管理和其他经营活动所取得的各项收入，包括主营业务收入和其他业务收入。

第十四条　主营业务收入是指企业在从事物业管理活动中，为物业产权人、使用人提供维修。管理和服务所取得的收入，包括物业管理收入、物业经营收入和物业大修收入。

物业管理收入是指企业向物业产权人、使用人收取的公共性服务费收入、公众代办性服务费收入和特约服务收入。

物业经营收入是指企业经营业主管理委员会或者物业产权人、使用人提供的房屋建筑物和共用设施取得的收入，如房屋出租收入和经营停车场、游泳池、各类球场等共用设施收入。

物业大修收入指企业受业主管理委员会或者物业产权人、使用人的委托、对房屋共用部位、共用设施设备进行大修取得的收入。

第十五条　企业应当在劳务已经提供，同时收讫价款或取得收取价款的凭证时确认为营业收入的实现。

物业大修收入应当经业主管理委员会或者物业产权人、使用人签证认可后，确认为营业收入的实现。

企业与业主管理委员会或者物业产权人、使用人双方签订付款合同或协议的，应当根据合同或者协议所规定的付款日期确认为营业收入的实现。

第十六条　企业利润总额包括营业利润、投资净收益、营业外收支净额以及补贴收入。

第十七条　补贴收入是指国家拨给企业的政策性亏损补贴和其他补贴。

第十八条　营业利润包括主营业务利润和其他业务利润。

主营业务利润是指主营业务收入减去营业税金及附加，再减去营业成本、管理费用及财务费用后的净额。

营业税金及附加包括营业税、城市维护建设税和教育费附加。

其他业务利润是指其他业务收入减去其他业务支出和其他业务缴纳的税金及附加后的净额。

第十九条　其他业务收入是指企业从事主营业务以外的其他业务活动所取得的收入，包括房屋中介代销手续费收入、材料物资销售收入、废品回收收入、商业用房经营收入及无形资产转让收入等。

商业用房经营收入是指企业利用业主管理委员会或者物业产权人、使用人提供的商业用房从事经营活动取得的收入，如开办健身房、歌舞厅、美容美发屋、商店、饮食店等经营收入。

第二十条　其他业务支出是指企业从事其他业务活动所发生的有关成本和费用的支出。

企业支付的商业用房有偿使用费，计入其他业务支出。

企业对商业用房进行装饰装修发生的支出，计入递延资产，在有效使用期限内，分期摊入其他业务支出。

第五章　附　则

第二十一条　本规定自1998年1月1日起施行。

第二十二条　本规定由财政部负责解释和修订。

▲财务计划管理制度

1. 结合公司总经理室对公司经济活动的安排，计划期内客源、货源、内务价格等变化情况，并作出详细分析和充分估计，以审定、编制财务计划。

2. 依据总经理审定的财务计划，按各部门的不同经营范围、计划期的多方面因素和历史资料，参考部门年初的上报计划，分摊公司计划指标，下达给各业务部门实施。

3. 财务计划分为年度、季度计划：

(1) 每年第三季度进行公司财务内审，每年第四季度各部门向财务部提交用款计划，经综合平衡后，提出第二年的财务收支计划，报公司总经理室和财务部；

(2) 公司财务部按标准的收支计划，合理安排比例，下达定额指标给各部门；

(3) 各业务部门根据上报公司总经理审批后的季度计划指标，结合本部门的具体情况，按月分摊季度任务指标作为本部门季内各月指标检查尺度；

（4）公司对各业务部门的计划检查按季进行，全年清算。

4. 财务计划内容：

（1）财务部应编制流动资金计划、营业计划、费用计划、外汇收支计划和利润计划、偿还债务计划及基建计划、利润分配计划等。

（2）总经理室、人事部、财务部、保安部和事务部要编制费用开支计划。

（3）各部所需编报的计划，送财务部汇总呈报。

▲会计档案管理制度

第一条　为加强公司会计管理，特制定本管理办法。

第二条　企业的会计档案包括：会计凭证、会计账簿、会计报告、查账报告、验资报告、财务会计制度以及与经营管理和投资者权益有关的其他重要文件，如合同、章程等各种会计资料。

第三条　会计档案的保存

财务部应有专人负责保存会计档案，定期将财务部归档的会计资料，按顺序立卷登记有效。

会计档案的保管期限为两类：永久保存和定期保存。

会计档案保管期满需要销毁时，由会计档案管理人员提出销毁意见，经部门经理审查，总经理批准，报上级有关部门批准后执行。由会计档案管理人员编制会计档案销毁清册，销毁时应由审计部和财务部有关人员共同参加，并在销毁单上签名或盖章。

第四条　会计档案的借用

财务人员因工作需要查阅会计档案时，必须按规定顺序及时归还原处，若要查阅入库档案，必须办理有关借用手续。

公司各部门因公需要查阅会计档案时，必须经本单位领导批准证明，经财务经理同意，方能由档案管理人员接待查阅。

外单位人员因公需要查阅会计档案时，应持有单位介绍信，经财务经理同意后，方能由档案管理人员接待查阅，并由档案管理人员详细登记查阅会计档案人的工作单位、查阅日期、会计档案名称及查阅理由。

会计档案一般不得带出室外，如有特殊情况，需带出室外复制时，必须经财务部经理批准，并限期归还。

第五条　由于会计人员的变动或会计机构的改变等，会计档案需要转交时，须办理交接手续，并由监交人、移交人、接收人签字或盖章。

档案名称	保管期限
1. 会计凭证类：	
原始凭证、记账凭证	15 年
其中：涉及外来和对私改造的会计凭证	永久
2. 银行存款余额调节表：	3 年
3. 会计账簿类：	
（1）日记账	15 年
其中：现金和银行存款日记账	25 年
（2）明细账、总账、辅助账	15 年
（3）涉及外来和对私改造的会计账簿	永久
4. 会计报表类：	
（1）主要财务指标报表	3 年
（2）月、季度会计报表	15 年
（3）年度会计报表	永久
5. 其他类：	
（1）会计档案保管清册及销毁清册	25 年
（2）财务成本计划	3 年
（3）主要财务会计文件、合同、协议	永久

▲ 低值易耗品财务管理制度

1. 各部门每月制定低值易耗品采购计划，经财务部核价后转交采购部门根据该部的费用定额掌握采购，财务部根据该部门费用定额审核报销。

2. 由使用部门指定专人负责管理低值易耗品，建立卡片和账册，卡片一式两份，由采购部门专人保管一份，使用部门专人保管一份，财务部登记明细分类账。领料单必须由部门负责人签字才能生效。

3. 对损坏和丢失的低值易耗品，应分清责任，属工作差错的要由责任人填写报废单，部门负责人签字方能核销。属于个人过失的要赔偿，属有意破坏或丢失的要罚款处理。

4. 年终对库存的低值易耗品进行一次盘点，并写出盈亏报告及原因，由有关部门负责人审核，凭此报销或入账。

▲ 使用收据及有价票据的管理办法

为强化财务归口管理，各部门使用的发票、收据等有价证券，务必在财务部登记领取，并且加盖财务专用章。各部门不得自行购买收据，加盖本部门印章使用。

有价证券的范围，包括汽车油票、电话磁卡、各种优惠卡、定期存单、债券等。

1. 定期存单、债券等有价证券应由财务部秘书、出纳双重进行造册登记，并由出纳妥善保存在保险柜中。登记内容为：证券的种类、购买日期、券面价值、证券到期日、保管人等。

2. 汽车油票：车队使用汽车油票，一般应在每季度开始第一个月的前10日，填写本季度使用数量，交财务部批准，转采购部购买，财务部票证管理员收点无误后，登记保管，车队需用时，由车队队长到票证管理员处领用。

▲ 收款员账款交接班管理办法

1. 每班下班前，清点本班收入款项，打印本班营业报表，收入金额要与报表金额完全一致，短款经办人员自己补足，长款上交。

2. 每班上班前应清点本班备用金是否与核定数额一致，短款补交，长款上交。

3. 收银员要将结算账单、未结算的账单及本班的营业收入报表，按指定地点存放，不得丢失。

4. 对清点无误的当日营业收入放入钱袋，经证明人见证后封好，双方在钱袋上签字确认后，投入滚筒保险柜，并在滚筒保险柜表上签字，内容包括：投钱人、见证人、投钱时间。

5. 收银员应将本班收取的各种押金，按支票、现金、信用卡等分别清点，与接班人交接，必须写全名。

6. 收银员应将本班保管的客用保险柜母、子钥匙及各种工作记录本进行清点，交接时双方共同检查本班次执行程序是否完整。

▲保险柜钥匙管理规定

1. 出纳人员应将保险柜钥匙中的一把随身携带，另一把钥匙连同保险柜的密码号一同封好，存入保安部保险柜中。
2. 出纳人员应牢记保险柜的密码号，关好保险柜后必须将密码拨错位。
3. 出纳员外出时，应将保险柜的使用管理规定，交给代管人员。代管人员即时履行出纳人员的管理职责。
4. 出纳人员若将保险柜钥匙丢失，应立即向部门主管、经理逐级汇报，并向保安部经理报告，申请更换保险柜密码号。

▲经费支出管理制度

1. 对于发给员工的工资、津贴、补贴、福利补助等，必须根据实有人数和实发金额，取得本人签收的凭证列为经费支出，不得以编制定额、预算计划数字列支。
2. 购入公司办公用品和材料，直接列为经费支出，但单位较大、数量大宗的应通过库存材料核算。
3. 拨给的补助费、周转金应按实际拨补数，以批准的预算和银行支付凭证列为经费支出。
4. 拨给所属部门的经费，应按批准的报销数列为经费开支。
5. 拨给的各项补助款和无偿慈善投资，应依据受补助和受支援单位开来的收据核准列为经费支出。
6. 员工福利费按照规定标准计算提存，直接列为经费支出，并同时将提存从经费存款户转入其他存款户，以后开支时，在其他存款中支付。
7. 购入的固定资产，经验收后列为经费支出，同时记入固定资产和固定资金科目。
8. 其他各项费用，均以实际报销的数字列为经费支出。

▲专用基金管理制度

1. 公司的发展基金用于扩大营业、扩展业务范围时增加设备、固定资产，它按下列方式从公司利润中提取：

（1）提取的比例按总经理室、总经理决定执行；

（2）使用公司的发展基金，必须做出全面规划，明确扩展项目及增置固定资产计划，经总经理室或总经理同意后才能使用。

2. 公司的管理储备基金是作为弥补公司出现不可避免的事故而造成亏损的特殊基金，它必须在总经理室或总经理的决定后，按规定的比例从每年的利润中提取，并专账处理，该项资金也参加流动资金周转。

3. 公司的福利基金统一由公司按全部员工工资总额的15%提取，并在"管理科目——工资"项下列支。福利基金的使用，由公司人事部统一掌握。

4. 福利基金的开支范围、开支标准和审批程序：

（1）开支范围：公司员工及家属医疗卫生费、职工生活困难补助、职工集体福利开支、先进生产工作者奖励等。

（2）开支标准及审批程序：

①职工每年的体检由公司工会委托公司医疗室统一安排，体检费全部在医疗费列支。

②职工及家属的医疗费用统一由公司工会审批。

③医疗所需药品及医疗器械的购置，由医疗室按季度及年度做采购计划报财务部审查后，报总经理审批。

④职工集体福利开支：

A. 职工餐厅补充厨具，金额数量较少时由事务部经理审批，金额数量较多时由财务部加意见后报总经理审批；

B. 职工餐厅应坚持不赚不亏的原则，如出现亏损，经查明原因后，由事务部会同财务部审查，报总经理审批，从福利基金中解决；

C. 兴建职工宿舍的基建资金，除上级按有关规定下拨的部分和所提取的职工住宅建设费，经上级单位批准后使用外，不足部分由总经理和总经理室确定后从福利基金中解决。

⑤职工生活困难补助按有关规定办理。

▲现金及各种银行存款管理

1. 现金收支：
（1）严格按照国家有关现金管理和银行结算制度进行现金业务收支，出纳人员要根据审核人员审核签章的收付款凭证办理款项收付，对于500元以上的现金开支，须经计财部经理、总会计师及总经理审核签批方可办理。
（2）收付款后，要在收付款凭证上签章，并加盖"收讫"、"付讫"戳记。
（3）库存现金不得超过银行核定的限额，超过部分要及时存入银行，不得以"白条"抵充库存现金，更不得任意挪用现金，库存现金要求做到日结月清，账账一致、账实相符。
2. 银行支票结算：
（1）建立支票购买、领用登记簿。登记内容是：支票号、领用日期、领用人、支票用途、支票限额、报销金额、报销日期。
（2）作废的支票也应在支票登记簿上登记，并在该支票上加盖作废戳记。
（3）不得无故拖欠报账，支票领用必须在5日内报销，超过报销期限（应有正当理由）须作延期说明。
（4）发出的支票必须填写日期、用途，用大写注明限额金额，并且在小写金额栏内以人民币符号"￥"为使用限额的截止符封死，禁止签发空白支票。
（5）领用人将支票丢失要及时挂失，并且通知有关部门采取相应措施。
（6）发现支票消费金额与银行对账单金额不符时，应立即通知经办人在3日内处理妥当。
3. 银行承付、无承付资金：
（1）财务人员接到银行转来的付款凭证要及时与采购部或有关部门进行核对，对有问题的最迟在承付期最后一天下午1点前向计财部递交拒付理由书，以便办理拒付手续。
（2）承付期内，未向财务提出拒付理由，事后发现不符合合同规定，或多承付款项或造成资金积压，视为责任事故，由有关责任人承担经济损失直至将款追回为止。
4. 汇入资金：
（1）接到银行转来的汇入款项，应及时交财务主管，进行核对。
（2）对核对无误的汇款按保证金与租金收入分别通知总收银开具收据或发票，转交有关制证人员制证并录入三级账。

（3）对汇入凭证与合同规定有误差的，应立即通知财务主管与客户联系，尽早纠正。

5. 收取支票：

（1）各收款点接到客人交付支票应认真快速检查支票票面是否清晰，印章是否正规齐全，是否为当期流通版本，签发日期是否有效，属工商银行的支票，要同时检查四位密码填写是否齐全。

（2）同时应验明持票人证件、联系电话，与持票人单位联络证实，方可收取，若为合同单位，收款员应检查支票签发单位与合同单位是否相符，不相符应请签票单位背书或出具公司证明信，证明代某公司付款，明确经济关系。

6. 收取信用卡管理程序：

（1）人民币信用卡（长城卡、牡丹卡、万事达卡、金穗卡），外汇卡。

（2）核对客人签字字样与信用卡签字字样是否一致，与身份证姓名是否相符。

（3）核对有效日期，确保所收信用卡于有效期内。

（4）信用卡必须压印清楚。

（5）将持卡人压好的记账单存放在专用抵押袋中，并登记信用卡收取表。

（6）根据客人申请签单情况，在征得客人同意的情况下，要申请授权，并将授权号写在卡单上。

（7）客人消费超限额，经办人须立即向银行要授权，如授权未要下来，经办人须重新压卡并填写授权，卡内金额超过授权部分，客人应以现金支付或其他方式支付。

（8）客人消费结束后，经办人将总金额填写清楚，再次核对信用卡，确认无误，请客人在信用卡后面及账单上签字，并将记账单客户联交还客人。

▲差旅费开支标准

1. 凡因公出差，需由部门填报"出差申请表"，写明出差事由、姓名、地点、天数、交通工具种类、交际应酬费金额、需借款总额，报公司主管副总并经总经理批准，凭申请表借支差旅费。

2. 出差人员乘飞机要从严控制，出差路途远，为了节省时间，部门经理以上人员可以乘飞机。一般应乘火车或其他交通工具，特殊情况需搭乘飞机，须经总经理批准。

3. 正副经理可乘坐火车软席，轮船二等舱位（年纪较大并有高级专业技术职称的人员，可参照执行）。其余人员，乘火车硬席，轮船三等舱位。

4. 乘坐火车,从晚 8 时至次日晨 7 时之间,在车上过夜 6 小时以上的,或连续乘车时间超过 12 小时的,可购硬席卧铺票,符合乘坐火车卧铺的,可按硬席座位票价发给补助费,乘坐特别快车的为 50%,乘坐直快或慢车的为 60%。

5. 符合乘坐火车硬席卧铺的人员,若买不到卧铺票,也可改乘软席座位,但不得改乘软卧,同时不享受票价补助费。

6. 出差期间,市内公共汽车费凭据报销,一般不得乘坐出租汽车,乘出租汽车,需经主管副总、总经理批准后方可报销。

7. 住宿标准及出差伙食补助标准按照国家有关规定办理。

8. 出差返回后 3 日内要到财务部门及时报销。

▲ 固定资产增减表

固定资产增减表

会计科目	财产编号	资产名称	规格	增减原因	部门	本月增加				本月减少					备注
						数量	金额	使用年限	月折旧额	数量	金额	使用年限	年折旧额	月折旧额	

▲ 固定资产盘存单

固定资产盘存单

使用部门：_____   年 月 日   共 页 第 页

财产编号	固定资产			部门	登记卡数量	盘点数量	盘盈		盘亏		备注
	名称	规格	厂牌				数量	金额	数量	金额	

▲现金收支月报表

现金收支月报表

日期		收入金额			支出金额							结存
月	日	销货	其他	合计	资金收入	原物料	工资	管理费用	制造费用	其他	合计	

▲ 付款登记表

付款登记表

付款期：　　　　　　　　　　　　　页次

验收单号	企业名称	摘要	支付金额	领款日期	领款章	备注	企业领款单

▲ 资金调度计划表

资金调度计划表

年　　月　　　　　　　　　　　　　单位：万元

摘　要	合计	现金	银行存款						
本月（周）结存									
预计现销收入									
预计其他收入									
预计其他收入									
减：预计票据到期									
预计薪金支出									
预计水电									
预计税金支出									
预计利息支出									
预计购料还款									
预计偿还款									
预计偿借款									
预计其他支出									
下月（周）余缺									
经调度后结存									
资金调度方式									

▲ 材料采购预计表

材料采购预计表

年　　月　　　　　　　　　　　　　单位：万元

项　目	金　额			备　注
	月份	月份	月份	
原料内购				
原　料				
配　件				
货物税				
原材料内购				
原材料外购				
D/A				
L/C				
关　税				
各项费用				
合　计				

主管：　　　　　　经办人：

第四章　现代物业房屋管理维修制度与表格

▲物业装修管理规定

1. 装修时必须申报。
使用人如需对所居住的物业进行装修，首先向管理处提出申请，在收到管理处提供的装修指南及有关资料后，把填写的申请表及设计方案递交物业管理工程部。

2. 进行审批。
物业管理公司得到装修申请后，根据业主使用人所提供的资料进行审批。方案批准后，使用人将装修押金缴付管理处，并领取装修许可证。

3. 按章施工。
业主聘请的施工队伍必须到管理公司备案，管理公司有权审查装修承包商的资质。

4. 通过验收。
装修工程完工后，由业主（使用人）通知物业修理部门，由工程部会同管理部及其他有关部门派人验收。

▲住宅小区房屋租售管理规定

1. 小区内业主在进行房屋出售、转让、馈赠、出租或以其他方式处理或变卖时，必须在上述行为发生一个月内与新业主一起到小区管理处进行登记，结算有关费用，办理新户入住手续。

2. 凡因发生房屋出售、转让、馈赠、出租或变卖而未到管理处办理有关手续的，管理处将认为该房产仍属原业主，由此而发生的费用及一切经济纠纷仍由原业主承担。

3. 属房屋出租的，租户可凭租约及业主委托书代为缴管理费、水电费及其他费用。管理处只将租户视为代办形式，所有因该房产发生的一切事务、费用、纠纷仍由业主负责。

4. 所有因房产出售、转让、馈赠、出租或以其他方式处置而成为承受人的，到政府有关部门办理好房屋所有权、使用权转移手续后，有权享受小区对业主的各项照顾与服务，同时也必须承担相应的义务和责任，包括遵守小区公约和住户守则以及其他有关的规章制度。

▲写字楼租赁工作用房装修管理规定

为了保障工作楼房的安全，给进驻企业营造良好的工作环境，特制定本规定。

1. 企业进驻中心后，如需要对工作用户进行改造、装修的，须将装修的内容、装修的平面图、水电布线图以书面形式报中心综合管理部，经核准后才能按图进行装修。综合管理部的核审、批准一般应在三日内完成。

2. 中心工作用户的外墙（含阳台与房间的间墙）、烟道、供水系统和排污管道拆除或改造。

3. 在装修过程中，中心将会派员不定时地到现场进行检查和指导。企业在施工过程中需要修改施工方案的，要向综合管理部申报，经批准后才能更改。

4. 装修的建筑材料、淤泥不能通过电梯运载，只能通过楼梯搬运，在搬运过程中应保证楼梯走廊的地面整洁，不能损坏。

5. 申报进行装修的企业，获准装修后需交纳500元/户的装修保证金，待企业退房验收时，综合管理部派员检查证实没有违反本规定的，中心给予退还保证金。

▲别墅小区水、电、煤气使用管理规定

1. 水：

（1）小区内的给排水管道由物业管理公司负责养护维修，业主或租户不准随

意开挖、安装、更改管线。如业主或租户确需增建，必须事先书面申明理由提交施工方案及图纸，经物业管理公司批准后，由公司指定专业队伍施工，非专业队伍不得进入小区施工。

（2）排水道内禁止倾倒杂物及垃圾，管道发生堵塞的，由物业管理公司负责疏通维修，堵塞如是人为造成，将由责任人承担全部维修费。

（3）业主或租户应爱护水表和其他公共管线设备，如发现水道设备损坏和给水不畅，应及时报修，由物业管理公司负责维修。户内部分维修费由业主或租户承担。

（4）业主或租户必须按月及时缴纳水费，不得欠缴，逾期不缴者将按国家规定罚缴滞纳金。对无正当理由欠缴水费的业主或租户，物业管理公司有权停止供水或采取其他有效措施。

（5）由于业主或租户装修和其他原因造成公共水道故障，物业管理公司有权拆除任何违章物，并要求当事人赔偿由其造成公共水道故障而导致的全部损失的费用。

2. 电：

（1）为保证业主或租户的用电安全，请不要擅自拆改原设计的电路，由于私自改变供电设施而造成的损失，将由其承担全部赔偿责任。

（2）业主或租户如需安装家电设备或特殊用电，可向物业管理公司提出申请，并接受监督指导，保证安全用电。户外空调机安装须按物业管理公司指定位置安装。

（3）业主或租户应按时缴纳电费，逾期者按供电局规定加收滞纳金，三个月不缴电费者，物业管理公司有权停止供电。

（4）电路出现故障，应通知物业管理公司检查维修，不能私自触动公共配电设施，尤其在停电时不得私自作业。如因私自作业造成公共配电设施损坏，应负全部经济责任，造成人身事故由有关人员自己负责。

（5）业主或租户别墅内线路发生的故障，应及时通知管理处维修，以免扩大故障范围，维修费用由业主或租户承担。

（6）偷用公电将以"一罚十"处理，由此造成的经济及人身损失责任自负。

3. 煤气：

（1）业主或租户在使用煤气时，请正确使用煤气设备，保护煤气管线不受损伤。不准私自改变煤气管道走向，或安装非标准煤气设备。业主或租户如需要在户外装修施工，必须事先向管理处申请，提供施工图纸，经核实同意后，在不影响煤气管线安全的情况下，方可施工。

(2) 业主或租户发现煤气热水炉、灶具、煤气表及其他设备有故障时，应及时报修，不要私自拆装检修，以避免造成意外事故。凡违反煤气公司有关规定，私自违章作业者所造成经济与人身责任均由其承担全部责任。

(3) 煤气热水炉间、厨房间不准作为睡房住人，晚间入睡前要关闭煤气开关，认真检查煤气设备，发现有漏气现象及时向煤气公司或管理处报修，切勿拖延时间。

(4) 煤气公共管道与设备统一由物业管理公司负责管理，由物业管理公司指定专业的施工队进行养护维修。

(5) 业主或租户必须按时缴纳煤气费，逾期不缴者，将按煤气公司规定收取滞纳金，经催缴，长期拖欠煤气费的业主或租户，物业管理公司有权停止供气，直至其缴清费用后再恢复供气。

▲ 维修服务规范

维修处服务宗旨是"主动、热情、耐心、周到"，做到随叫随到，把业主的困难当作自己的困难，方便业主是维修处工作的唯一准则。具体要求如下：

1. 报修电话。

(1) 拿到话筒先讲"您好，我是维修处，先生（小姐）有什么事情请讲？"

(2) 记录好报修内容、栋号，并告诉业主上门维修时间。

(3) 应轻轻放下听筒并道声再见。

2. 接待报修业主。

(1) 业主来维修处报修，应先说声"您好！您有什么事需要帮忙吗？"并应起立和业主说话。

(2) 用报修单记录业主报修内容，问清业主什么时候可以上门维修，并和业主道别。

3. 从接到报修开始，一般无其他特殊情况，应在15分钟内到达业主家。

4. 敲门、按门铃。

(1) 到达业主家门口，先轻轻按一下门铃，如无反应，应间歇10秒钟后再按第二次，不要连续按或按住不放。

(2) 如无门铃，敲门应轻轻地敲，先轻轻敲三下，如无反应，间歇10秒钟再轻敲三下，不要过重或连续不断地敲。

5. 业主开门后，应招呼一声您好！说明自己的身份，告诉业主我是来修什么东西的，在业主的认可下：

（1）脱鞋，把自己带上的干净拖鞋穿上或者穿上业主指定给你穿的拖鞋进入。

（2）在业主带领下进入维修房间，不要随意走动。

6. 修理。

（1）电气修理必须按照"市低压电气标准规定"进行。

（2）在修理当中必须移动有关物品时，应先征得业主同意，并小心轻放。

7. 清场。

（1）在修理过程中为防止渗水、垃圾散落，应事先铺上自己带来的报纸、毛巾，防止渗水、灰尘散落。

（2）工作完毕

①修水必须把污水擦干，扫清堵物、污垢。

②电工必须随身携带刷子、小畚箕，把散落在地上、踢脚线上的墙粉、线头清扫干净。

③工作前移开的物件要帮助业主放回原处。

8. 请业主验收。

不论修水、修电，修理完毕必须请业主验收，取得业主认可，不然不能作为修好。

9. 维修完毕，离开业主家，应该做到：

（1）和业主说声"有什么需要再帮忙的尽管来维修处联系"，"打扰了"。

（2）出门应面向业主后退几步，到门口转身说再见。

维修处人员除上述直接为业主服务时需达到的服务规范外，在间接方面维修处人员应对泵房、卫视房、配电间、电梯、消防设施进行定期巡视，并做好记录，以保证不断电、不停水、不停梯，让业主感受到物业管理的星级服务水平。

▲房屋设备的日常性保养规定

房屋设备的日常性保养，是指物业管理公司主管部门和房产管理部门、城建部门、供电部门、自来水公司、煤气公司等单位及有关人员对房屋建筑内部的附属设备所进行的常规性的养护、添装、管理、修理和改善工作。

1. 保养内容。

（1）卫生和水电设备的日常性保养。物业管理公司与房管单位要负责管区范围内的计划养护。零星报修和改善添装任务；对于小水表的安装，凡属旧房按幢装表，新公房按户装表，其水管、人工由管理单位负责，水表的供应和修理要由自来水公司办理；零星损坏的卫生、水电设备一般应按本单位规定期限及时修理，人为损坏则要由住用者自费修理。

（2）水泵和水箱设备的日常性保养。一般每月或每季度保养一次，并定期列入大修或者更新计划。

（3）消防设备的日常性保养。对消防专用水箱一般在规定期限内调水、放水，以防止出现缺水、阻塞、水质腐臭等现象；消防泵也应采取定期试泵的措施。

（4）暖气设备和其他特种设备的日常性保养。按冬季供暖期锅炉生火前和停火后对暖气设备进行两次全面检查、维修、养护，以及做好有关设备和管道的包扎防冻工作；对其他特种设备，按季度专人负责维修、管理、养护。

（5）电梯设备的日常性保养。对电梯设备按片专有分管，每周加油、保养和检查。运行电梯发生故障必须急修时，也要由保养组或保养厂的专业人员负责，随叫随到进行抢修。电梯设备的大修、更新，则要由专业力量或者发包给电梯修理厂进行。

2. 保养要求。

（1）设备日常保养是以设备操作人为主，主要是对设备实施清洁、紧固、调整、润滑、防腐为主的检查和预防性的保养措施。

（2）操作人员定机保养，做好班前交接，了解设备运行情况，检查设备各部位的清洁和润滑，空运转检验各系统安全装置，正常后方可投入使用。

（3）操作中要集中思想，合理使用设备，严格遵守设备操作规定和安全操作规程。发现小故障及时排除，及时调整紧固松动的机件。

（4）下班前或停机前，一般须留一定时间对设备进行清扫、擦拭、注油、整理、润滑、切断电源。

（5）专业维修人员的巡回检查，主要是检查操作人员是否合理使用设备，机器运转是否正常，督促操作人员日常保养，制止违章操作行为。在遇到一般故障时，帮助操作人员及时处理、排除。

▲ 房屋维修管理考核标准

《管理行业经济技术指标》规定，考核房屋维修管理的标准为：

(1) 房屋完好率：50%~60%；

(2) 年房屋完好增长率：2%~5%；年房屋完好下降率：不超过2%；

（3）房屋维修工程量：100~150平方米/人·年；

（4）维修人员劳动生产率：5000元/人·年；

（5）大、中修工程质量合格品率：100%，其中优良品率：30%~50%；

（6）维修工程成本降低率：5%~8%；

（7）安全生产，杜绝重大伤亡事故，年职工负伤事故频率：小于3‰；

（8）小修养护及时率：99%；

（9）房屋租金收缴率：98%~99%；

（10）租金用于房屋维修率：60%~70%；

（11）流动资金占用率：小于30%；

（12）机械设备完好率：85%。

这里，上限指标作为先进企、事业单位考核指标，全国城镇范围内的名企、事业以及机关、部队等自管房单位，可参照此指标执行。

▲房屋维修的技术管理规范

所谓房屋维修技术管理，就是指对房屋维修工作的各个技术环节和过程，按照一定的技术标准和技术经济指标进行科学管理。

1. 修缮设计或方案的制定。

（1）设计的要求。

①修缮设计必须以房屋勘察鉴定为依据，并应充分听取业主和用户意见，使方案更合理、可行。

②根据修缮工程的情况，规模较小的工程，可由经营管理单位组织技术力量自行设计；较大的工程设计，必须由具有设计资质证书的单位承担。

（2）方案内容。

①房屋平面示意图（含部件更换设计），并注明坐落及与周围建筑物关系。

②应修项目（含改善要求）、数量、主要用料及旧料利用要求。

③工程预（概）算。

（3）方案必须具备的有关资料。

①批准的计划文件；

②技术鉴定书；

③城市规划部门批准的红线图；

④修建标准及使用功能要求；

⑤城市有关水、电、气等管线资料。

2. 工程质量的管理。

工程质量管理包括：工程质量的检查和验收两个内容。对维修工程，必须按照有关质量标准，逐项检查操作质量和产品质量；根据维修工程的特点，分别对隐蔽工程和竣工工程进行验收，从各个环节保证工程质量。

根据城乡建设环境保护部批准试行的《房屋修缮工程质量检验评定标准》（简称《评定标准》），房屋修缮工程的质量检验与评定按"分项"、"分部"、"单位"工程三级进行。分项工程按修缮工程的主要项目划分，分部工程按修缮房屋的主要部位划分，单位工程则是指大楼以一幢为一个单位。

对房屋及设备维修工程质量检验与评定，按房屋的主要部位划分的分部工程共11项，每部位工程项目中又分若干项。

工程质量分为"合格"和"优良"两个等级，评定时各项工程均有应达到标准的规定。

对维修工程的质量检验评定工作，应深入实际施工现场，采用多种检测设备和科学方法才能实现。目前，根据质量评定标准规定的方法和检查工作的实践经验，对维修工程可归纳为看、摸、敲、照、靠、吊、量、套等八种检查方法。

对各维修工程质量检验评定工作，可以采用联合检查、自检、互检等方式来进行。

房屋的小修工程，其工程质量检验评定也应有专人负责，并且通过对用户进行工程质量回访，征求住户意见，对工程质量进行监督。

3. 技术档案资料的管理。

技术档案的主要内容包括以下几个方面：

（1）房屋新建竣工验收的竣工图及有关房屋技术的原始资料。

（2）现有的有关房屋及附属设备的技术资料。

（3）房屋维修的技术档案，一般应有以下几种：

①工程项目批准文件；

②工程合同；

③修缮设计图纸或修缮方案说明；

④工程变更通知书；

⑤技术交底记录或纪要；

⑥隐蔽工程验收；

⑦材料试验、构件检验及设备调试资料；

⑧工程质量事故处理和质量评定资料；

⑨工程竣工验收资料；
⑩旧房淘汰或修缮、改建前的资料。

4. 建立技术责任制。

根据《房屋修缮技术管理规定》和《房屋修缮工程施工管理规定》，房屋经营管理单位应建立技术责任制。大城市的房屋管理单位和大型修缮施工单位，应设置总工程师、主任工程师、技术所（队）长、地段技术负责人或单位工程技术负责人等技术岗位。中、小城市的房屋管理单位的技术岗位层次，可适当减少，但必须实现技术工作的统一领导和分级管理，形成有效的技术决策、管理和执行体系。

▲商业楼宇的养护及维修规定

1. 楼宇修缮的制度化管理。

为了确保楼宇的完好，对其修缮应制定完整的制度，编制每年的修缮计划，安排年度修缮投资，审核修缮计划，检查修缮结果。

2. 确定工程性质。

依据楼宇的损坏程度，将修缮工程大致分为，大修、中修、小修三类。

（1）大修工程是指楼宇主体结构的大部分严重损坏，无倒塌或有局部倒塌危险的楼宇，部分楼宇附属设施如上、下水道等必须拆换、改装、新装的工程。大修工程涉及面广，通常经营商户必须停止营业，因此做好工期的预算和开工之前的筹备工作非常重要。

（2）中修工程是指楼宇少量部分损坏或已不合建筑结构的要求，需要局部维修，在维修中只牵动或拆换少量主体构件，从而保持原楼宇规模和结构的工程。中修工程影响面为局部，管理工作做得好，可使楼宇内的部分商户继续营业。

（3）小修工程（亦称零修工程或养护工程）是指及时修复的小损小坏，以保持原有楼宇完损等级为目的的日常养护工程。小修工程较小影响商业经营，但也应加强施工管理，尽可能不影响商户及顾客。

3. 楼宇维修的技术档案资料管理。

楼宇维修的技术档案资料的管理是对原有楼宇技术资料的补充，更是作为日后楼宇的维修、改善、扩建等各方面的工作不可缺少的依据。其技术档案主要包括下列内容：

（1）工程项目批准文件；

(2) 工程合同；

(3) 修缮设计图纸或修缮方案说明，工程变更通知书；

(4) 技术交底记录或纪要；

(5) 隐蔽工程验收，地质勘探记录；

(6) 材料试验、构件检验及设备调试资料；

(7) 工程质量事故处理及质量评定资料；

(8) 工程预、决算资料；

(9) 工程竣工验收资料；

(10) 旧房淘汰或修缮、改建前的资料。

4. 工程施工单位的技术责任制。

商业楼宇的修缮如需外发包时，应承包给有相应资质的修缮施工单位。该单位就楼宇的修缮工程施工设置总工程师、主任工程师、技术队长或技术负责人，形成工程施工过程中有效的技术决策、管理和执行体系。实行总工程师为技术总监，各岗位有技术负责人，职、权、责分明，物业管理公司派专员在整个工程施工过程中进行现场质量、安全监督的管理模式。

▲商业楼宇维修费用的处理规定

在楼宇及设施、设备的维修工作中应公开向业主及承租户列明维修应收费的项目范围及材料、手工费。

凡属商户铺位内而非楼宇的公用部分及其附属设施设备、装饰等的损坏修理，应由承租户承担全部修理费用。

凡属公用部位及其附属设施、设备由于商户在装修或运货及其他人为方式损坏的，概由该商户或损坏人承担全部维修费用。

凡因承租商户私自修理其铺位内的设备或设施而造成其他商户或公用设备及设施损坏的，由该商户承担全部修理费用，承担由此造成的全部损失，并按《租赁合同》有关条款予以必要的处罚。

▲商业楼宇装修管理规定

商业楼宇的租赁通常以整个层面向外出租,出租后的楼层由承租商户依据自己的经营要求提出装修申请;也有楼宇的业主把一个层面装修完毕之后,出租铺面,承租商户对铺面只能通过申请认定后做些小的变动装修。整个层面的装修工程大,涉及面广,必须有效地管理。

1. 建立周全、详细、操作可行的管理制度。
2. 专人负责,对工程实行严格的监管。
3. 选定资质高、信誉好的工程承包商。装修管理过程中可分以下几个环节进行操作:

(1) 在租赁合同签订后的规定日期内递交装修申请。装修申请须随附装修的设计图纸、工程预算表、工程期限等。

(2) 在物业管理公司对其申请审定前,不得进行装修。如装修的设计图纸涉及楼宇的结构更改、增建,或装修时间过长,则需获物业管理公司及业主的两方审核认可后,商户方可按认可后的设计图纸进行装修施工。

(3) 大的装修工程在承租商户的装修申请得到认可后,须与物业管理公司签订装修协议,规定物业管理公司的权利、义务和承租方的义务和承担的责任等。

(4) 装修完毕后,物业管理公司根据装修前承租商户提交的经认可的装修设计图、装修协议,对工程进行竣工验收,如发现有违反装修设计图及装修协议某些条款的,应视情节轻重作不同的处理。

▲楼宇保养维修管理规定

高层楼宇价值量大、使用面广,良好的维护、养护可以延长楼宇的使用寿命,改善其使用功能,提高楼宇运营使用的经济效益。高层楼宇保养维护管理要做到以下几个方面:

(1) 监督对楼宇的合理使用,防止对楼宇结构、附属设施的破坏,维护楼宇或设备的完整性,提高楼宇完好率;

(2) 按《房屋完损等级评定标准》对房屋进行检查评定,然后根据《房屋修缮范围和标准》的规定，进行修缮设计，制定修缮方案，确定修缮项目，实施修缮工程管理；

（3）建立楼宇自身的技术档案，掌握房屋完好情况；

（4）建立健全维修保养制度，定期检视维修，及时处理住、用户的报修；

（5）做好楼宇维修基金、经费的管理。

▲别墅小区装修管理规定

1. 业主或租户在装修前，须向物业管理公司管理部提出申请，在未得到管理部书面批准之前，不要擅自施工。

2. 管理部批准并不表示已得到其他有关政府、公共部门的认可，因此装修工程还必须获有关部门的书面核准，尚未接获批准而擅自动工者，可能须将改变的地方恢复原来面貌，直至有关当局满意为止，而所需一切费用，概由有关业主或租户负责。

3. 别墅装修不得改变或损坏房屋结构、外貌以及房屋配套设施的使用功能。

4. 业主或租户不能更改或干扰别墅观瞻，不能加设任何招牌、帐篷、花架、天线或其他装置于别墅外墙或屋顶上。

5. 业主或租户在装修过程中，应遵守下列规定：

（1）装修承办商必须经常保持公共地方清洁，保持所有通道畅通无阻，而所有因该项装修工程所引致的垃圾及废料必须由装修承办商、业主或租户，自行或委托清理出别墅。

（2）该项装修工程不对公共地方的设施构成任何损失或损坏。

（3）如装修承办商违反上述任何一项规定，导致的一切后果由其负完全责任。

6. 装修承办商需代其工人向管理部申请通行证。

7. 装修承办商的工作人员不准在别墅内留宿。

8. 为免骚扰其他住户，装修工程只可于星期一至星期六上午九时至下午六时之间进行，公众假期除外。

9. 业主或租户必须对其所聘用的装修承办商工作人员在别墅内的行为及活动完全负责。

第四章　现代物业房屋管理维修制度与表格

▲日常维修养护规范表

日常维修养护规范表

工作安排	机电运行：24 小时 8：00~8：30 处理申报投诉；8：30~10：00 跟踪监督；10：30~12：00 维修养护；14：00~15：30 巡视维修养护；15：30~17：00 整理学习；17：00~18：30 回访。	
主要工作	房屋本体	室内：小修30分钟，一般故障2小时，不超过8小时，较难故障3天内。48小时跟踪验证。
		楼梯、墙面：发现问题按原样及时修复，每年全面检查一次，3~4年全面修补刷漆一次。
		天面：每年全面检查一次，每年雨季前须检查一次，发现破损及时修补。
	公共设施	室内污水系统：每月检查一次，发现问题及时修补；
		道路车场：每天检查1遍，随坏随修；
		天线：每月检查1遍，随坏随修；
		明暗沟：每周检查1遍，随坏随修；
		供水电气：每月细查1遍，零修时，中小型维修通知水电部门；
		楼道灯：每月检查1遍，即坏即修。
检查项目及处理方法	检查项目	1. 地基础 2. 梁柱板主体 3. 墙体 4. 顶棚 5. 楼梯扶手 6. 公共门窗 7. 隔热层、防水层 8. 水箱水池 9. 天面扶栏 10. 消防设施 11. 电子对讲门 12. 信报箱 13. 标识 14. 散水坡 15. 楼板地面砖 16. 上下雨污水管 17. 设备房 18. 道路 19. 电缆沟盖板 20. 路牙 21. 踏步台阶 22. 给排水 23. 路灯 24. 清洁设备 25. 娱乐设施。
	处理方法	按照公司ISO9002标准，对轻微不合格项进行整改，严重不合格项上报主任并提出纠正措施。
考核标准	日常巡检、月检考核按ISO9002质量标准； 年终考核按国家建设部考核标准。	

▲物业管理员岗位月考核表

物业管理员岗位月考核表

姓名：　　　　工作牌编号：　　　　　　年　　月　　日

序号	考核内容	满分	实得分
1	熟记市《住宅区物业管理条例》（0.3），熟记住宅区管理规章制度（0.3），熟记管理处岗位责任制（0.3）	0.9分	
2	按时上下班（0.1），无迟到早退现象（0.1），无旷工（0.1），佩证上岗（0.1），着装整洁（0.1），服从助理部长的工作安排（0.2）	0.7分	
3	熟练操作电脑进行管理（0.2），熟练电脑物业管理程序操作（0.2），熟练电脑收费操作（0.2）	0.6分	
4	掌握火灾、台风、消防和治安等方面突发事件的应急措施，以及救生知识	0.2分	
5	接待住户热情有礼（0.1），有耐心（0.1），不含糊其辞、推卸责任（0.1），有效投诉处理率100%（0.2）	0.5分	
6	反腐倡廉，遵守管理处廉洁制度（1），每违反一项扣0.2分，扣满1.0分为止	1.0分	
7	熟悉住宅区楼宇的排列（0.1）、结构（0.1）、栋号、单元数（0.1）、管线网络（0.1）、住房的基本情况（0.2）	0.6分	
8	熟悉管理服务费等收费标准（0.1）和计算方法（0.1），协助收费工作（0.1），不乱收、不收、多收或不收费（0.2）	0.5分	
9	审批装修不徇私情（0.5），严查违章（2），每发现一处违章装修扣0.5分，扣满2.5分为止	2.5分	
10	配合公安部门搞好安全防范（0.1），督促治安、卫生、绿化等部门的工作（0.2）	0.3分	
11	做好每日巡视记录（0.3）、定期回访记录（0.3）、接待来访记录（0.3）、投诉记录（0.3）	1.2分	
12	发放钥匙登记（0.1），维修安排合理及时（0.2），督促维修按质按量完成（0.1），验房登记表清楚完整（0.1）	0.5分	
13	协助主任开展社区文化活动（0.2），新聘员工的培训指导（0.1），与住户建立良好的关系，搞好住宅区精神文明建设（0.2）	0.5分	
14	工作不负责或态度不端正，每被投诉一次扣1分，扣满10分为止		
合 计		10分	

考评人意见：　　　　　　　　　　　　　主任意见：

▲ 装修申请表

××物业管理公司业主装修申请表

单位： 房 申请日期： 年 月 日

业主姓名		单位名称及详细地址		联系电话	
装修单位	全称		执照号		
	负责人		联系电话		装修人数
申请装修范围和内容				管理处初审	
				初审人： 日　期：	
申请装修期限		年 月 日至 年 月 日			
装修工程预算造价		装修押金		收款人	
装修保证	本住户和施工队保证：遵守《××市住宅装修管理规定》和管理公司的规定，保证按期完成，若有违约，愿接受管理处的处罚。 业主（住户）签名：　　施工队负责人签名：				
管理处经理审批： 　　　　　　　　　　　签名：　　　年　月　日					

▲ 装修施工许可证

施工单位：
开工日期： 年 月 日 　××物业管理公司（印章）
竣工日期： 年 月 日 　年 月 日
装修时间：上午 8：00～12：00　下午 2：00～6：00

节假日装修时间：上午9：00～12：00
　　　　　　　下午2：30～6：00
装修商名称：_____ 工程负责人：_____ 联系电话：_____
装修/更改项目：_____ 泥头清运处理：_____
注：1. 敬请各业主督促装修工人严格遵守装修管理规定。
　　2. 装修期间严禁装修工人在装修单位内留宿。

编号：_____

▲ 装修施工人员登记表

装修施工人员登记表

姓名					
照片	贴照片	贴照片	贴照片	贴照片	贴照片
证件类别及号码					
籍贯					
工作单位		单位电话		负责人	联系电话
装修房间	装修期限	年 月 日～ 年 月 日	业主姓名		联系电话
延期施工记录				证件签发	
备注					

▲ 办理装修手续登记表

办理装修手续登记表

序号	栋房号	业主姓名	申请时间	装修许可证号码	装修施工期限	装修人数	初验时间	正式验收时间	备注

▲ 入住区施工申请表

入住区施工申请表

申请人		部门		联系方法	
施工单位		责任人		进场人数	
施工项目及原因，有否开挖性、损坏性工程项目					
施工期及复原方案					
约定事项	在本次施工中，申请人和施工单位同意遵守以下规定： 1. 允许施工时间：7：30~12：00、14：00~19：00，如有特殊原因须在夜间施工者，应持有工程部经理及物业管理公司总经理签字的批文。 2. 施工人员必须办理临时出入证，遵守物业管理公司的出入管理规定。 3. 工程竣工时必须立即恢复被破坏环境的原貌。 4. 如需占用公共场地的须经物业管理部批准。 5. 施工垃圾须集中送到指定的地点。 6. 施工中要安全用电、用火，确保施工区周围居民的安全，施工单位对施工安全事故负全部责任。 7. 因施工造成的管道堵塞、渗漏水、停电、损坏他人物品和公共设施、设备的，责任人负责赔偿。 8. 施工单位保证不损坏施工区及周围配套管线，并对事实损坏负赔偿责任。				
申请人签字（章） 年 月 日		施工单位签字（章） 责任人（签字） 年 月 日			园容办签字（章） 年 月 日

▲用户维修委托单

用户维修委托单

No.　　年　月　日
业主：
栋　　楼　　号
维修项目
维修结果：
维修人：
备注：

No.				
业主：				
维修项目				
名称	规格	单位	数量	单价
使用材料				
人工		应收费		
维修结果：		住户签字：		
备注：维修完后送财务核算费用，委托共收到收款通知单后，同月交管理费时一次付清。				

▲大楼维修任务工作单

大厦维修任务工作单

编号：

被维修单位（位置）			接单日期	
执行人		要求完成时间	（ ）客户申请（ ）检查发现 （ ）按计划	
维修内容 下单人/日期：					
维修记录 到达现场时间：　　　　维修人/日期：					
工时		人工费		材料费		总金额	
验收记录 验收人/日期：					

作成：　　　　审核：　　　　批准：

▲ 维修工检查考核表

维修工检查考核表

被检查人：　　　　　　　　自　年　月　日至　月　日

工号	工程地点	任务单编号	修理部位	修理项目	检查考核要求									
					热情及时约时不误			便民利民保质保量		完工料清住户验收			排难解决为民着想	
					满意	较满意	差	合格	不合格	好	中	差	表扬信	封

▲返修申请表

返修申请表

编号：

房间号码			业主姓名		联系电话	
返修内容（由业主填写）					处理记录	
客厅	天花、地板及墙面				经手人：	
	门窗					
	电路					
	其他					
卧室	天花、地板及墙面				经手人：	
	门窗					
	电路					
	其他					
厨房	天花、地板及墙面				经手人：	
	厨房设备					
	电路及上、下水					
	其他				年 月 日	
卫生间	天花、地板及墙面				经手人：	
	洗用具					
	电路及上、下水					
	其他				年 月 日	
业主签名： 年 月 日				管理处经理签名： 年 月 日		

第五章　现代物业绿化卫生管理制度与表格

▲居住区绿化管理规定

1. 爱护花草，人人有责。
2. 不准损坏和攀折花木。
3. 不准在树木上敲钉拉绳晾晒衣物。
4. 不准在树木上及绿地内设置广告招牌。
5. 不准在绿地内违章搭建。
6. 不准在绿地内堆放物品。
7. 不准往绿地内倾倒污水或乱扔垃圾。
8. 不准行人和各种车辆践踏、跨越和通过绿地。
9. 不准损坏绿化的保护设施和建筑小品。
10. 凡人为造成绿化及设施损坏的，根据政府的有关规定和公共契约的有关条文进行罚款处理，如属儿童所为，应由家长负责支付罚款。

▲居住区绿化养护管理规定

为搞好居住区的绿化养护管理工作，保持小区环境优美，特制定此规定。
1. 小区的绿化，指区内花草、树木、园林建筑小品等，属小区公用设施组成部分，其更新、改造和完善工程由服务中心负责，并按有关绿化达标要求管理区内绿化。
2. 服务中心采用各种形式开展宣传，使"保护绿化，美化居住区"成为居民共识，形成良好风气。

3. 下列行为，应禁止：
（1）占用绿化地段；
（2）践踏绿化草地、林带；
（3）攀折花木，毁损涂污园林小品；
（4）行人和车辆在绿化带上行驶，碰坏绿篱和栅栏；
（5）在绿化区内堆放物品，设置广告招牌；
（6）在花木、建筑物、雕塑小品上拉绳晾晒衣物；
（7）在绿化地上倾倒垃圾，抛洒杂物。

4. 对违反园林绿化规定，不听劝阻、刁难或殴打管理人员情节严重的，送交有关部门处理。

▲ 绿化养护、管理的操作细则

1. 浇水。

根据季节、气候、地域条件决定浇水量；根据绿地、花木品种、生长期决定浇水量。

2. 施肥。

根据土质、花木生长期、花木品种和培植需要，决定施肥的种类和数量。比如，植物长叶期要多施氮肥，开花期多施磷肥。

3. 除杂草、松土。

杂草指非人工培植的草类，必须根据管辖区域大小决定除草量；松土也类似。

4. 修剪整形。

必须根据树木形态、观赏效果、树木品种和生长情况等因素来进行修剪整形。修整树木一般在冬季。修剪强度一般分为两种三级（见下表）。

	轻截	一年生枝条长度	1/5～1/4
重修剪	中截	一年生枝条长度	1/3～1/2
	重截	一年生枝条长度	3/4～2/3
	轻疏	全树枝条	10%
轻修剪	中疏	全树枝条	10%～20%
	重疏	全树枝条	20%以上

5. 除病虫。

根据病虫害发生规律实施综合治理，或可施药，或可创造有利于花木生长的良好环境，提高花木的抗病虫害能力。

6. 树木等技术管理。

例如涂白（冬季）、护围（含立支柱）、洗尘等。

▲小区绿化管理规定

为了保持小区环境优美，搞好绿化工作，特制订此规定：
1. 人人都有权利和义务管理和爱护小区的花草树木。
2. 不准攀折花木，不准在树木上晾晒衣物和扎铁丝、铁钉等，不准在绿化地倒污水和修建淤泥、砖瓦杂物，不准损坏花木的保护设施及花台。
3. 不准行人和各种车辆跨越和通过绿化带，不得碰坏绿篱栅栏。
4. 不准在绿化范围内堆放任何物品，不准在树木上及绿化带内设置广告招牌。
凡人为造成花木及保护设施损坏的，根据有关规定处理如下：
（1）对乱砍或碰断树木主干的，每株罚150元；对攀爬树木、剥树皮，造成损伤的，每株罚15元，爬墙虎每支6元。
（2）攀摘花朵、枝条的，每朵（枝）罚款1元，乱放材料或其他物品损坏花木的，每枝罚款2元，破坏草坪每平方米罚款8元。
（3）撞坏铁栏栅，每米罚款150元；对在绿化地带上晾晒衣物、被褥者，由管理人员收回管理处，并对其进行教育。
违反上述规定的罚款，一律由本人支付，未成年的由家长支付。
为了做好这项工作，对检举破坏绿化的人员，应给予罚款的30%作为奖励，奖罚由管理处执行。对违反园林绿化规定，不听劝阻、殴打管理人员的，按情节轻重，依法从严处理。

▲草地保养管理规定

第一条　本公司园艺要每月用旋刀剪草地一次，每季度施肥一次，入秋后禁止剪割。
第二条　春、夏季的草地每周剪两次，长度一般控制在20毫米，冬季每周或隔周剪草一次，当月培土一次，隔月疏草一次，隔周施水、肥一次，隔周施绿宝一次。
第三条　割草前应检查机具是否正常，刀具是否锋利。滚桶剪每半月磨合一次，每季度将折底刀打磨一次，圆盘剪每次剪草须磨刀三把，每剪15分钟换刀一把。

第四条　草地修剪应交替采用横、竖、转方法，防止转弯位置局部草地受损过大，割草时行间迭合在40%～50%，防止漏割。

第五条　避免汽油机漏油于草地，造成块状死草，注意启动汽垫机，停止时避免机身倾斜，防止草地起饼状黄印，注意勿剪断电机拖线，避免发生事故。

第六条　工作完毕后，要清扫草地，并做好清洗机具和抹油等保养工作。

▲盆景保管规定

第一条　本公司所有石山盆景逐一挂铁牌、编号，并拍照入册，做到盆景、名称、编号牌、照片对号存档，确保妥善管理。

第二条　新坛（新制作上盆）盆景及时编号拍照入册，出现损失后及时报告，存档备查（并应有管理者、领班、经理共同签名确认）。

第三条　室内换盆景，每次出入应登记编号，并注明摆放起止时间、地点及生长状态。

第四条　所有盆景每年应全面盘点，由主管、领班及保管者盘点后共同签名交部门存档备案。

▲树木花卉管理制度

1. 科学施肥。施肥时间宜在二、三两个月。
2. 合理浇水。树木叶面水分蒸发量大，尤其是夏季。因此必须进行人工浇水。水质以河、湖水最好。浇水宜在早晚，浇灌时要注意不让树木生长处或树穴中积水，以免根系窒息而死亡。
3. 松土除草。杂草与树木争夺养分，而且影响环境美观，在松土时应将杂草除掉，这有利于消灭虫蛹，防止病虫灾害。

▲卫生管理准则

第一条　本公司为维护员工健康及工作场所环境卫生，特制订本准则。

第二条　凡本公司卫生事宜，除另有规定外，皆依本准则实行。

第三条　本公司卫生事宜，全体人员须一律确实遵行。

第四条　凡新进入员工，必须了解清洁卫生的重要性与必要的卫生知识。

第五条　各工作场所内，均须保持整洁，不得堆放垃圾、污垢或碎屑。

第六条　各工作场所内的走道及阶梯，至少每日清扫一次，并采用适当方法减少灰尘的飞扬。

第七条　各工作场所内，严禁随地吐痰。

第八条　饮水必须清洁。

第九条　洗手间、更衣室及其他卫生设施，必须保持清洁。

第十条　排水沟应经常清除污秽，保持清洁畅通。

第十一条　凡可能寄生传染菌的原料，应于使用前适当消毒。

第十二条　凡可能产生有碍卫生的气体、灰尘、粉末都应作适当处理。

第十三条　各工作场所的采光必须合适。

第十四条　各工作场所的窗户及照明器具的透光部分，均须保持清洁。

第十五条　凡阶梯、升降机上下处及机械危险部分，均须有适度的光线。

第十六条　各工作场所须保持适当的温度，并根据不同季节予以调节。

第十七条　各工作场所须保持空气流通。

第十八条　食堂及厨房的一切用具，均须保持清洁卫生。

第十九条　垃圾、废弃物、污物的清除，应符合卫生的要求，放置于指定的范围内。

第二十条　公司应设置常用药品并存放于小箱或小橱内，以便员工取用。

第二十一条　本准则经总经理核准后施行，修改时亦同。

▲清洁工安全操作规程

1. 确保安全操作，牢固树立"安全第一"的思想。
2. 室外人员在推垃圾箱时，应小心操作，以免压伤手脚。
3. 在操作与安全发生矛盾时，应先服从安全，以安全为重。
4. 清扫人员在不会使用清洁机器时，不得私自开动机器，以免发生意外事故。
5. 清扫人员应该严格遵守防火制度，不得动用明火，以免发生火灾。
6. 清扫人员在灌开水时，应思想集中，以免烫伤。
7. 清扫人员不得私自拨动任何机器设备及开关，以免发生事故。
8. 清扫人员在使用机器时，不得用湿手接触电源插座，以免触电。

▲ 环境清洁管理操作细则

1. 各部门岗位职责。
(1) 部门主任（经理）职责。
①按照公司管理方针目标，负责公共清洁卫生计划，组织安排各项清洁服务工作；
②检查和指导公共卫生区域领班、清洁员的工作，确保达到标准；
③编制部属的班次和安排休假，督导工作表现与行为；
④分配及控制所有清洁、保洁用品及其用量，并监督保管和储藏；
⑤接洽各类清洁服务业务，为公司创收；
⑥定期向公司总经理汇报工作，汇报完成任务的情况。
(2) 领班职责。
①直接指挥下属员工进行分区域的清洁卫生，对主管领导负责；
②检查员工每日出勤情况，如有缺勤，及时安排补位清洁；
③检查员工所辖范围的清洁卫生情况，并进行当班考核；
④检查员工所使用的工作器具和保养设备的完好情况，督促员工爱护工具和设备；
⑤编制使用清洁用品、物料的计划，控制清洁卫生成本；
⑥及时做好清洁器具、公共区域的水、电、照明等材料的采购和维修报告。
(3) 清洁员岗位职责。
①遵守《员工守则》，一律着装上岗；
②服从上级安排，按规定标准和操作程序，保质保量地完成本人负责区域的清洁工作；
③工作完毕，不得擅自离岗，以保持区域内的清洁。
2. 清洁管理的操作细则要求。
清洁管理的操作，可分每日管理、每周管理和每月管理。
(1) 每日管理。
①每天清扫2次指定区域内道路（含人行道）；
②每天清扫1次指定区域内绿化带（含附属物）。
(2) 每周管理。
①拖洗各层公共走廊1次；
②抹擦用户信箱1次；

③每周涂一次电梯表面保护膜；
④每周对手扶电梯进行一次打蜡；
⑤每周抹擦、打扫一次公用部位窗户、空调风口百叶（高层）处；
⑥拖擦2次地台表面；
⑦清扫一次储物室、公用房间。
（3）每月管理。
①清扫1次公用部位天花板、四周墙体；
②抹擦1次公用部位窗户（小区）；
③抹擦1次公用电灯灯罩、灯饰；
④每月对地台表面进行一次打蜡；
⑤抹擦2次卫生间抽气扇；
⑥两个月清洁1次地毯。

▲ 小区卫生管理规定

为了保持小区干净整洁，使住户享有优雅舒适的生活环境，特制订本规定：

1. 各住户须使用本市统一标准化垃圾袋，早上将垃圾袋置垃圾道或门外（低屋住户置于楼下垃圾池），以便清洁人员清倒（垃圾袋由管理处代售）。不准把垃圾桶长时间摆放在门口、走廊或梯间，违者经三次劝告不听，给予罚款并没收垃圾桶。

2. 不准乱倒垃圾、杂物、污水和随地大小便。凡乱倒乱抛垃圾、淤泥、污水、污物、污染公共场所和随地大小便者，罚款10～2000元并清扫现场。

3. 不要把垃圾、布屑、胶袋等杂物投入水厕或下水道，如因使用不当而导致堵塞或损坏，住户应负全部修理费用。

4. 小区内的任何公共地方，均不得乱涂乱画乱贴，违者应负责粉刷费用。如属小孩所为，应由家长负责。

5. 凡在公共场所乱贴广告、标语、乱竖指路牌、广告牌者，除责令其限期拆除外，并罚款10～100元。

6. 凡住户养狗者，需经批准，并到有关部门登记注册，否则，予以罚款处理。

7. 住户或单位装修完毕，应立即清扫，不得将废物弃于走廊及公共场所。

▲ 清洁工作检查规程

1. 检查目的。

为了保证大厦环境清洁卫生，使清洁公司进行清洁卫生、垃圾清运工作有标准依据。同时，为了给物业助理每天监督检查提供标准依据，以及对清洁公司的工作效果有一个客观评价标准，因而有必要制定《清洁工作检查规程》。

2. 检查内容。

（1）硬质地面台阶及其接缝是否洁净，上蜡是否光亮，地毯是否清洁，有无污点和霉坏，梯脚板墙脚线、地脚线等地方有无积尘、杂物、污渍、广场砖、车库地面是否干净，花基、花坛内是否有烟头、杂物，绿化牌、庭园灯是否干净、光亮。

（2）墙面大理石、瓷片、砖是否干净、明亮、无污迹。

（3）玻璃幕墙、门、窗、镜面、玻璃围栏、触摸屏、扶梯玻璃是否洁净透亮。

（4）金属制品，如电房门、梯门、支架、热水器、消防门、烟灰缸、水龙头、不锈钢栏杆等是否用指定的清洁剂擦过，是否光亮无锈迹和污迹。

（5）天花光管、指示牌、光管盘、灯罩等设施是否干净无尘，无蜘蛛网。

（6）电梯轿厢、各层电梯门轨槽、显示屏、扶梯、梯厅是否干净无尘，轿厢是否干净无杂物、污渍。

（7）洗手间皂盒、干手器、厕兜水箱等设施是否干净、无损坏，洗手间内有无异味，便器、洗手盆、尿斗有无水锈，台面干净无水迹，厕纸是否齐全。

（8）检查开水间垃圾桶、门边柜、茶渣柜是否干净无异味。

（9）大堂烟缸、废纸及垃圾桶内的其他脏物是否按规定及时清除，防滑红地毯是否干净、清洁，接待台、保安室等设施是否干净无杂物。

（10）垃圾清运是否准时，是否日产日清，清运是否干净，垃圾清运过程中散落地的垃圾是否清扫干净，是否每周将垃圾桶内外清洗一次。

▲ 大厦地下车库、天台、转换层的清洁规定

大厦地下车库、天台、转换层清洁要求的标准是：地下车库地面无油渍、污渍，无纸屑等杂物，墙面无污迹。天台、转换层及裙楼平台无积水、杂物，管线无污迹。根据这一标准，其清洁必须做到：

1. 每天早晨和下午分两次用扫把清扫这三个地方一次，清除地面和排水沟内的垃圾。抹净指示牌、射灯、围栏等。

2. 用长柄刷冲刷地面的油污、油渍。

3. 每隔两小时巡回清洁一次地下车库，清除杂物。

4. 每周冲刷地面一次，并打开地下车库的集水坑和排水沟盖板，彻底疏通、清理一次。

5. 每月用清洁液、毛巾擦拭一遍消防栓、消防指示灯、车位挡、防火门等公共设施。

6. 地下车库和转换层管线每两个月用鸡毛掸子或扫把清扫灰尘一次。天台、裙楼天台的水管线每两个月冲刷一次。

▲大厦大堂的清洁规定

1. 每天上午上班前及下午分两次重点清理大堂，平时每小时保洁一次，重点清理地面和电梯轿厢内的垃圾杂物。

2. 用扫把清扫大堂地面垃圾，用长柄刷沾洗洁精清除地面污渍，后用拖把拖地面一次。

3. 每天对大堂地面进行循环拖抹、推尘、吸尘。

4. 清扫电梯轿厢后，用湿拖把拖两遍轿厢内地板。

5. 用干毛巾和不锈钢油轻抹大堂内各种不锈钢制品。包括门柱、镶字、电梯厅门、轿厢等。

6. 用湿毛巾拧干后，擦抹大堂门窗框、防火门、消防栓柜、内墙面等设施。

7. 清倒不锈钢垃圾筒，洗净后放回原处。

8. 用湿拖把拖两三遍台阶，出入口的台阶每周用洗洁精冲刷一次。

9. 用干净毛巾擦拭玻璃门，并每周清刮一次。每周地面补蜡及磨光一次。

10. 每月擦抹灯具、风口、烟感器、消防指示灯一次。

11. 每月对大理石地面打蜡一次；地砖地面和水磨地面，每月用去污粉、长柄手刷彻底刷洗一次。

▲大厦楼层通道地面与墙面的清洁规定

1. 通道地面清洁。

大厦楼层通道地面清洁要达到的标准是：大理石地面目视干净、无污渍，有光泽。水磨石地面和水泥地面目视干净，无杂物，无污迹。根据这个标准，其清洁必须做到：

（1）每天上午对各楼层通道地面拖抹、推尘、吸尘一次。

（2）每月用长柄手刷沾去污粉对污迹较重的地面彻底清刷一次。

（3）每月用拧干的湿毛巾抹净墙根部分踢脚线。

（4）大理石地面每周抛光一次，每月打蜡一次。

2. 瓷砖、喷涂和大理石墙面清洁。

（1）墙面清抹每周一次，墙面清洗每月一次。

（2）瓷砖外墙每四年清洗一次，马赛克墙面每六年清洗一次。

（3）外墙面的高空清洁作业，由专业清洁公司负责。

（4）用铲刀、刀片轻轻刮掉墙面的污垢、脏渍。

（5）把毛巾浸入放有洗洁精的水盆，拿起拧干后沿着墙壁从上往下来回擦抹。

（6）把另一条毛巾用清水洗后拧干，彻底清抹一次墙面，直到干净。

（7）用干拖把拖干地面。

（8）大理石墙面的，不能用任何酸性溶剂洗，否则将造成大理石分解；瓷砖墙面则禁止用碱类、盐酸类，因为这些除污剂会损坏瓷砖表面的光泽。

3. 乳胶漆墙面的清洁。

（1）乳胶漆墙面每月清洁一次。

（2）用鸡毛掸子或干净的拖把轻轻拂去墙面的灰尘。

（3）用干毛巾清擦墙面的污迹，擦不掉的污迹用细砂纸轻轻擦掉。

（4）用铲刀铲掉墙面上黏附的泥沙、痰迹。

（5）扫净地面灰尘，再用湿拖把拖净地面。

▲消杀管理规定

1. 需要消杀的地方及时间间隔。

（1）每月要求专业消杀单位对楼宇、绿化带进行一次彻底的消杀活动，每季对化粪池进行一次消杀工作，并由物业部跟踪记录。

（2）每周要求清洁公司对垃圾桶、垃圾中转站、卫生间、车库、排水渠等进行一次消杀活动，每周对开水间、热水器、过滤器进行清洁、消毒一次。

2. 进行消杀活动时要注意的问题。

（1）使用高效低毒消杀用品，并按比例配制，用背式喷雾器适度喷洒在消杀地点。喷洒时要注意做好预防措施，穿长衣、长裤，配戴口罩，完工后换衣裤，并用肥皂洗手。

（2）大堂、楼层消杀活动一般在非办公时间进行，如特殊情况须在办公时间进行的，须先征得物业部同意后方可进行。

（3）尽量在顺风处对广场外围进行喷洒，以减少对行人的直接接触。

（4）根据实际需要可以增加喷洒次数，并注意将被杀死的害虫尸体及时清除。

（5）每次消杀后由物业部助理进行检查并记录在《消杀记录表》上交物业部存档。

▲日常保洁规定

1. 大堂。
（1）操作程序。
①大堂保洁的原则是：以夜间操作为基础，白天进行日常保洁。
②夜间定期对大堂进行彻底清洗、抛光、定期上蜡。操作时，上蜡区域应有示意牌或围栏绳，以防别人滑跤。
③日常保洁要求每天对地面进行清扫，大堂内的玻璃、墙面、台面、椅子、沙发、灯座等，要经常保持光亮、干净。
④操作过程中，根据实际情况，适当避开客人和客人聚集的区域，待客人离散后，再予以补做；要重点拖擦客人进出频繁和容易脏污的区域，并增加拖擦次数。
⑤遇下雪或下雨天，要在大堂进出口处放置踏垫，铺上防湿地毯，并树立"小心防滑"的告示牌和增加拖擦次数，以防客人滑跤及将雨水带进大楼。
（2）卫生标准。
①保持地面大理石无脚印、无污渍、无烟蒂、无痰迹、无垃圾。
②大堂内的其他部位，如墙面、台面、栏杆、椅子、沙发、灯座等，保持光亮、整洁。
③玻璃大门无手印及灰尘，保持干净、光亮、完好无损。
④大堂内不锈钢烟缸，保持光亮，无烟灰迹、痰迹。
2. 公共区域。
（1）操作程序。
扶梯：
①用拖把把扶梯擦干净，若拖把拖不到，要用揩布擦干净。
②将扶手从上到下擦干净。挡杆或玻璃挡面，做到无灰尘、手印。

③要及时将扶梯四周的墙面及消防器材上的灰尘掸净。
④要保持每个楼面的楼梯进出口处干净、整洁。

电梯及电梯厅：
①每日夜间对电梯厅及电梯内的墙面和地面进行全面的擦拭清扫，如梯门、轿厢四壁、梯内镜面、天花板、照明灯以及对地毯吸尘等。
②白天不停地、循环地对电梯厅的地坪进行保洁，保持电梯干净、整洁。
③经常清理烟灰缸内的垃圾和烟头。
④夜间定期对电梯进行清洁、保养，包括对电梯门壁进行打蜡上光。
⑤每天早上换一次地毯，必要时可增加更换次数。

室外场地：
①清扫地面的灰尘和垃圾。
②每星期对室外场地进行两次大面积的冲洗，冲洗后及时扫干净，保证无积水。
③不停地、循环地清扫室外场地，保持地面无灰尘、无垃圾、无烟蒂。
④所有垃圾集中到总垃圾箱里。
⑤保持室外场地的各类标牌、栏杆、墙面、灯座的清洁。
⑥保持室外场地上的下水道干净、畅通。

（2）卫生标准。
①地面保持清洁、光亮，无污迹、水迹、脚印。
②走道四角及踢脚板保持干净，没有垃圾。
③烟灰缸保持清洁，无污痕，烟蒂不得超过6个。
④茶水间保持清洁、整齐，保证整个大楼所有部门的茶水供应，保证饮用水的卫生，注意安全用电，防止烫伤。
⑤楼面垃圾间内垃圾箱放置整齐，把垃圾袋套在垃圾箱上；四周无散积垃圾，无异味。
⑥墙面及走道设施、门框、通风口、灯管保持干净，无积灰。
⑦安全扶梯台阶保持清洁，无污物、垃圾；扶杆上保持光亮，无积灰。
⑧保持电梯梯门光洁、明亮，轿厢及四壁地面干净、整洁。
⑨室外场地的地面，做到无垃圾、灰尘、烟蒂、纸屑，使人感到宽广、舒畅。

3．卫生间。

要求卫生间每日清扫4次，每天第一次保洁工作必须在上午8：00前做好。

（1）操作程序。
①先用清洁剂清洗小便池，并喷上除臭剂。
②按顺序擦拭面盆、水龙头、台面、镜面。
③墙面要用清洁剂清洁。

④地面用拖把拖干，保持地面干燥、干净。
⑤配备好卷筒纸和洗手液。
⑥检查皂液器、烘手器等设备的完好情况。
⑦喷洒适量空气清新剂，保持卫生间内空气清新。
⑧检查是否有遗漏处，不要遗忘清洁工具。
（2）卫生标准。
①卫生洁具做到清洁，无水迹、头发、异味。
②墙面四角保持干燥、无蛛网，地面无脚印、杂物。
③镜子保持明净，无灰尘、污痕、手印、水迹。
④金属器具保持光亮，无浮灰、水迹、锈斑。
⑤卫生用品保证齐全，无破损。
⑥保持卫生间内空气清新。

4. 会议厅。
（1）操作程序。
①按顺序擦拭窗台、窗框、门、扶手。
②依次清洁墙面、护墙板、踢脚线。
③擦拭茶几、桌子，用吸尘器吸去沙发上的灰尘。
④用吸尘器进行地面、地毯吸尘。
⑤喷洒适量的空气清香剂。
⑥检查有没有遗漏处，收拾清洁工具，并关好门。
（2）卫生标准。
①保持室内的窗、窗台、窗框干净、整洁，无破损。
②保持室内墙面、天花板整洁、完好，无污渍、浮灰、破损、蛛网。
③保持地面、地毯整洁、完好，无垃圾、污渍、破洞。
④保持室内各种家具放置整齐、光洁、无灰尘。
⑤保持室内灯具清洁、完好，无破损。
⑥保持室内空调出风口干净、整洁，无积灰、霉斑。
⑦室内各种艺术装饰挂件挂放端正，清洁无损。
⑧定时喷洒空气清香剂，保持室内的空气清新。

5. 地下车库。
（1）操作程序。
①定期清除地下车库内的灰尘、纸屑等垃圾。
②将墙面以及所有箱柜和器具上的灰尘掸掉。
③及时清除地下室进出口处的垃圾，以避免下水道堵塞。
④经常查看车库内的卫生清洁情况，不允许在地下车库堆放物品及垃圾。

⑤经常用拖布拖去灰尘，保持场地清洁。

（2）卫生标准。

①保持地下车库道路畅通，无堆积垃圾及物品。

②保持地面无灰尘、无垃圾。

③保持地下车库空气流畅，无异味，定期喷洒药水。

6. 玻璃及不锈钢。

（1）操作程序。

①工作前，准备好所有工具，如刮窗器、沾水毛刷、玻璃清洁剂、水桶等。

②用沾水毛刷将稀释后的清洁剂搅匀，来回涂在玻璃表面，用刮窗器按 45 度从上到下、从左到右，及时将水刮下，最后用揩布把四周及地下的水迹揩干。

③如遇玻璃表面较脏，则在进行第二步操作前，先用水涂在玻璃上，用刀片轻轻地刮去表面污垢。

④不锈钢应用绒布擦，并用不锈钢光亮剂定期上光。

⑤爱护清洁工具，注意保养，不得用损坏的工具擦洗玻璃。

（2）卫生标准。

①玻璃无灰尘、水迹，保持干净、光亮。

②玻璃上的污斑、手印应及时清除，保持清洁。

③不锈钢无灰尘、水迹、污迹、手印。

▲外墙清洁规定

1. 擦窗机的操作程序。

（1）准备工作。

①查看作业现场，确定作业方案。重点查看屋顶状况，确认能否安装吊篮，吊篮在屋顶移动有无障碍；霓虹灯、广告字牌等是否妨碍作业等，并确定作业方案。

②天气预报无大风、雨雪及高温、低温报告，现场测试风力小于 4 级。

③擦窗机性能状况良好，工作位置地面设置好围栏和安全告示牌，并由安全员进行现场监督。

④准备清洗工具，如水桶、水枪、毛滚、胶刷、毛巾、百洁布（旧磨盘）、刷子、铲刀、刮刀以及清洁剂、溶剂等。

⑤2 名操作人员携带清洗工具和用品进入吊篮后，系好安全带。

（2）操作过程。

①先用水枪喷射墙面，除去浮尘。

②将毛滚浸入桶中，待充分吸入清洁剂后均匀地涂抹于墙面或玻璃面。稍后，即用刮片上下和左右刮玻璃、窗框表面及边角位子，交叉对拉，不漏涂，再用毛巾擦拭干净。注意不要划伤玻璃。

③一个位置结束后将吊篮放至下部同一位置进行清洁，当纵向从上到下一个位置清洁完毕后，再横向左或右移动至相邻一个位置从上到下清洁。

④全部作业完成后，收拾整理机器设备和工具，撤去地面拦护绳和告示牌，将地面水迹擦净。

⑤进行设备的清洁保养，清除灰尘、滴漏的液体以及可能打滑的其他物质。

⑥对因故障待修的设备，挂上标志牌，在恢复正常状态前禁止使用。

（3）安全操作规程。

为了贯彻执行国家安全法规，确保职工人身安全及设备正常运转，必须制定吊篮高空作业安全操作规程，具体要求如下：

①作业者必须是年满18周岁的男性公民，且经过专门技术训练，懂得吊篮工作原理及性能，经考试合格方可上岗作业。

②作业者必须经过身体检查和定期检查，确认无危及安全的疾病后方可进行工作。

③作业者应严于职守，不做与工作无关的事。

④作业者在工作期间必须统一穿工作服、戴安全帽及手套，系好安全带（包括室内活窗内的清洁人员）。

⑤作业者如遇身体不适或没休息好，不得参加高空作业。

⑥作业前应将现场围栏装好并由专人进行安全检查，对吊篮各部位如吊篮紧固件、连接件、提升机、安全保护装置、钢丝绳、电缆线等要逐一检查，确认无隐患后方可工作。

⑦作业前对屋面结构悬挂装置的连接件、紧固件、牵引绳进行检查，确认无隐患后方可工作。

⑧严禁在吊篮作业中修理或移动吊篮悬挂机构及制动器等。

⑨在移动屋面某部分结构时，吊篮中严禁站人；在吊篮跨越障碍移动中，必须用缆绳稳定吊篮以防止碰撞到其他地方。

⑩严禁用吊篮做垂直运输工作，更不能在超负荷下工作，3米吊篮作业人员不得超过2人，6米吊篮不得超过4人。

⑪在吊篮工作时要设法使吊篮稳定，以防大的晃动；在4级风以上，如风向对吊篮有影响应停止工作。

⑫雨天应防护好电器部件，以防漏电，并经常检查电缆的破损情况。

⑬指挥人员必须集中精力从事专项指挥工作，不得兼做其他工作。

⑭爱护设备及工具，提升机每工作24小时注油一次。悬挂钢丝绳每工作56小

时全面检查一次，每月检查一次提升机制动器。

⑮作业后应将工具、器具进行清洗和晾晒，不准乱扔、乱放，应按指定位置集中放置。

⑯作业后应将吊篮停放或悬挂在安全地点，并上好安全锁，防止损坏其他物品。

2. 吊板的操作程序。

（1）准备工作。

①勘察现场，建筑物顶部必须有固定吊板绳和安全绳的牢固构件，绳子下垂经过位置不得有尖锐棱角锋口，如有尖锐棱角锋口必须经过特别安全处理。在高压电源区无法隔离时，不得进行工作。

②天气情况与擦窗机工作要求相同。

③准备清洗工具，如吊板、吊板绳、安全绳、水枪、配置好的清洁剂、刮板、抹布等。对吊板绳与安全绳应作详细检查，直径不得小于16mm，中间不得有断裂及结扣。将吊板绳（工作主绳）扎捆在牢固构件上，绳扣必须打死结，且有两个结点，安全绳结点不得与吊板绳结点同一。

④操作人员穿戴劳动防护衣、安全帽、鞋，按规定系好安全带，将自锁器单独悬挂于安全绳上。

⑤现场安全监督员到位。

（2）操作过程。

①操作人员坐于吊板规定位置，将所有用具扎连在吊板上。

②缓缓将吊板下放，到达第一次工作位置。

③用水枪对准工作位置喷水，初步除去尘灰，然后将清洁剂涂在墙面上，稍后用刮板或刷子擦拭，最后用抹布将墙面擦干。

④边下滑边作业，直至一趟作业完毕。降至地面后，卸下水桶、吊板等，再上屋顶开始第二次作业。

⑤整个工作过程中，安全监督员应自始至终作现场安全监督。

⑥将吊绳、安全绳收好，并检查一遍被损情况。如发现绳子被损，应作报废处理；如绳子完好，则送回仓库，放置于干燥通风的地方，并作绳子使用记录。

⑦将其他工具擦拭干净，自锁器在弹簧处加润滑油。

（3）安全操作规程。

为了贯彻执行国家安全法规，确保工作人员人身安全及设备正常运转，必须制定吊板高空作业安全操作规程，具体要求如下：

①作业者必须是年满18周岁的男性公民，并且经过身体检查和安全技术培训，经考核合格方可作业。

②严禁作业者在工作期间及午饭休息时喝酒，严禁在高空及吊板上打闹嬉笑或

投掷物品。

③作业者在使用吊板前，必须将工作服、安全带、安全锁装好，否则不得上吊板工作。

④在使用吊板前，必须选择安全可靠的铆点，将两根大绳系好，并且由专人验收符合要求后方可使用。操作时，铆点必须设专人看管。

⑤大绳与建筑物棱角锋锐接触部位，必须加胶皮等绳套，以保护绳索。

⑥必须在班前对使用频繁的大绳、吊板、安全锁进行检查，发现异常，停止使用。

⑦不得任意拆掉吊板及安全带上的各种部件，更换新绳时要注意加绳套。

⑧吊板作业者不准穿戴棉大衣和手套。风力超过4级，不准上吊板作业。

⑨吊板作业所带物品，必须绑扎牢靠，以防掉落。

⑩大绳在搬运过程中，禁止使用有钩刺的工具，并防止日晒雨淋。

⑪大绳及吊板应存放在干燥通风的仓库内，严禁接触高温、明火、强酸和尖锐的物体。

▲灯具的清洁规定

1. 关闭电源，一手托起灯罩，一手拿螺丝刀，拧松灯罩的固定螺丝，取下灯罩。如果是清洁高空的灯具，则架好梯子，人站在梯子上作业，但要注意安全，防止摔伤。

2. 取下灯罩后，用湿抹布擦抹灯罩内外污迹和虫子，再用干抹布抹干水分。

3. 将灯罩装上，并用螺丝刀拧紧固定螺丝，但不要用力过大，防止损坏灯罩。

4. 清洁灯管时，也应先关闭电源，打开盖板，取下灯管，用抹布分别擦抹灯管及盖板，然后重新装好。

▲地毯的清洗和地面打蜡规定

1. 地毯的清洗.
（1）地毯干洗（粉末清洗法）.
①准备机械器材，包括刷地机、刷盘、吸尘器、加压式喷雾器、长把刷、局部除污工具以及粉末清洁粉、预先处理剂等。

②清理作业区域的碍事物品，进行吸尘作业。

③用地毯清洁剂清除地毯污迹，如有油污多的地方，要先喷洒预先处理剂，使油污溶解。

④在准备作业区域内均匀布洒粉末清洁精。每平方米布洒量为 100 克左右（大约手捧一把）。为防止粉末干燥，一次布洒面积以 10 平方米为好。

⑤在刷地机上装好刷盘，按机器使用要领进行操作，依次从里到外对地毯进行刷洗。

⑥用机器刷完后，待粉末干燥后再回收（30 分钟左右）。

⑦用长把刷把进入纤维内的粉末刷出，再用吸尘器将粉末回收。

⑧作业结束后，确认作业效果，收拾机器工具。

用此方法不会使地毯因潮湿而引起收缩。

（2）地毯湿洗（喷吸清洗法）。

①准备机械器材，包括地毯清洗机、刷盘、吸尘器、局部除污工具防污垫布以及地毯清洗剂、预先处理剂等。

②清理作业区域内碍事物品，进行吸尘作业。

③用地毯清洁剂清除地毯污迹，地毯上如有油污多的地方，要先喷洒预先处理剂，使油污溶解。

④使用地毯清洗机自动喷水、擦洗、吸水、吸泡，从里到外清洁地毯，不要留下空当。

⑤用起毛刷刷起并理顺地毯绒毛。

⑥用吹风机送风干燥，或自然晾干；自然晾干需 6 小时后方可走动，故此操作应放在夜间进行。

⑦作业结束后，将机器工具洗净、揩干、存放。

此方法适用于地毯污脏严重、需全面清洗的情况。

清洗地毯要求达到鲜明的清洁感，保持保洁前的地毯质感。

2. 地面打蜡。

地面打蜡是对大理石、木质地板等地坪最主要的清洁和保养手段，它可以起到使地面光亮和减轻磨损的作用，尤其是大理石极易磨损，一般情况应 1~2 个月打蜡保养一次，每天抛光一次。

打蜡要求达到表面光亮，无污迹和脚印，墙壁下贴脚线、门框下部及家具脚部无蜡迹。

（1）准备好抛光机、吸水器、去蜡水、面蜡、底蜡、刷地机、清洁剂等器具，并检查好器具的安全性能。

（2）打蜡前将需要打蜡的区域里可移动的物品，轻轻地搬离该区域。

（3）地面先吸尘，将去蜡水稀释后，用拖把均匀地涂在地面上，用机器擦洗、吸干。

（4）用刷子磨擦地面，要全都磨到，使原来大理石表面的蜡质全部溶解。

（5）用吸水器吸干地面，再用清水洗两次，并吸干、拖干净，使地面光亮、清洁，无污迹。

（6）待地面干后将底蜡用蜡拖均匀地涂在地面上，纵横各一次，等地面干后再打 1~2 次底蜡，打蜡时应做到均匀，防止起泡。

（7）最后上一次面蜡，并用抛光机抛光。

（8）检查一遍工作质量，确认合格后将原搬离的物品轻轻搬回原处，收拾好工具，并清洗揩干，做好记录。

▲ 垃圾的管理规定

1. 垃圾的存放。

大厦和各个场所应视情况分别设置垃圾筒、垃圾箱、垃圾车、字纸篓、茶叶筐等临时存放垃圾的容器。但需注意：

（1）存放容器要按垃圾种类和性质配备。

（2）存放容器要按垃圾的产生量放置在各个场所。

（3）存放容器要易存放、易清倒、易搬运、易清洗。

（4）有些场所的存放容器应加盖，以防异味散发。

（5）存放容器及周围要保持清洁。

2. 垃圾收集清运的操作程序。

（1）及时清除楼面上所有的垃圾，收集清运时，用垃圾袋装好，并选择适宜的通道和时间，只能使用货运电梯。

（2）在清除垃圾时，不能将垃圾散落在楼梯和楼面上。

（3）要注意安全，不能将纸盒箱从上往下扔。

（4）要经常冲洗垃圾间，保持整洁，防止产生异味及飞虫。

（5）配合做好清运垃圾工作。

3. 垃圾房的卫生标准。

（1）无堆积垃圾。

（2）垃圾做到日产日清。

（3）所有垃圾集中堆放在堆放点，做到合理、卫生，四周无散积垃圾。

（4）可作废品回收的垃圾，要另行存放。

（5）垃圾间保持清洁，无异味，经常喷洒药水，防止虫害。

（6）按要求做好垃圾袋装化。

▲室外地面的清洁规定

1. 每天6：30和13：30两次，用扫把、垃圾斗对室外地面进行彻底清扫，清除地面果皮、纸屑、泥沙和烟头等杂物。
2. 每天8：00~11：00，15：00~17：00每隔半小时巡回清扫保洁一次。
3. 发现污水、污渍、口痰，须在半小时内冲刷、清理干净。如地面粘有口香糖、泡泡糖，要用铲刀消除。
4. 果皮箱、垃圾桶每天上、下午清倒一次，并用长柄刷子沾水洗刷一次。
5. 沙井、明沟每天揭开铁箅盖板彻底清理一次。
6. 室外宣传牌、雕塑每天用湿毛巾擦拭一次。
7. 每月用水冲洗有污迹地面、墙面一次。

▲楼层公共区域清洁管理规定

第一条　本公司楼层的环境卫生是指走廊、电梯间、楼层服务台的工作间、消毒间、楼梯等。

第二条　走廊卫生工作包括走廊地毯、走廊地面和走廊两侧的防火器材、报警器等。

第三条　电梯间是客人等候电梯的场所，也是客人接触楼面的第一场所，必须保持清洁、明亮。

第四条　楼层服务台卫生是一个楼层各种工作好坏的外在表现，必须保持服务台面的整洁，保持整理好各种用具，并保持整个服务台周围的清洁整齐。

第五条　工作间是物品存放的地方，各种物品要分类摆放，保持整齐、安全。

第六条　防火楼梯要保持畅通且干净。

第七条　消毒间是楼层服务员刷洗各种玻璃和器皿的地方，这里的卫生工作包括地面卫生、箱橱卫生和池内外卫生以及热水器擦拭等。

▲ 绿化员岗位安排表

绿化员岗位安排表

管理处　　　　　　　班

员工姓名	岗位范围	主要工作任务	备 注

主任签字：
说明：1. 由班长安排定岗，报主任审批；
　　　2. 由管理处保存一年。

▲ 绿化工作日检查表

绿化工作日检查表

单位：　　　　　　　　　　　　　　　　　　　年　月　日

检查项目	合格	不合格原因	责任人（岗位）	检查人	处理结果

说明：1. 对照《绿化工作检验标准》发生不合格时在栏内简要记录。
　　　2. 由班长检查填写，月底交管理处存档，保存一年。

▲ 小区绿化管理检查记录表

小区绿化管理检查记录表

日期	绿化检查区域	记　录	检查员	备　注

▲ 小区消杀服务质量检验表

小区消杀服务质量检验表

检查项目\检查地点	灭蚊	灭蝇	灭鼠	灭蟑螂	不合格处理结果
垃圾池	□合格 □不合格	□合格 □不合格	□合格 □不合格	□合格 □不合格	
垃圾中转站	□合格 □不合格	□合格 □不合格	□合格 □不合格	□合格 □不合格	
污、雨水井	□合格 □不合格	□合格 □不合格	□合格 □不合格	□合格 □不合格	
化粪池	□合格 □不合格	□合格 □不合格	□合格 □不合格	□合格 □不合格	
沙井	□合格 □不合格	□合格 □不合格	□合格 □不合格	□合格 □不合格	
绿地、楼道	□合格 □不合格	□合格 □不合格	□合格 □不合格	□合格 □不合格	
自行车库	□合格 □不合格	□合格 □不合格	□合格 □不合格	□合格 □不合格	
天面雨篷	□合格 □不合格	□合格 □不合格	□合格 □不合格	□合格 □不合格	
食堂、宿舍	□合格 □不合格	□合格 □不合格	□合格 □不合格	□合格 □不合格	
游泳池	□合格 □不合格	□合格 □不合格	□合格 □不合格	□合格 □不合格	
停车场、设备房	□合格 □不合格	□合格 □不合格	□合格 □不合格	□合格 □不合格	
商业网点	□合格 □不合格	□合格 □不合格	□合格 □不合格	□合格 □不合格	

说明：1. 清洁班长每月对照《清洁工作检验标准》中消杀的检验标准进行检查并填写此表；
　　　2. 合格打"√"，不合格记录其原因。

▲ 清洁区域分工安排表

清洁区域分工安排表

姓名	日期	地点	负责区域	上下班时间	备注

批准人/日期：　　　　　　　　编制人/日期：

▲ 小区室内清洁日检表

小区室内清洁日检表

单位：　　　　　　　　　　　　　　　　年　月　日

日期	检查受检人 / 检查记录 / 检查项目	1. 消防管　6. 信报箱　11. 天面　　16. 扶手 2. 宣传板　7. 走廊　　12. 雨篷　　17. 单车房 3. 电表箱　8. 墙面　　13. 楼道梯级 4. 电子门　9. 窗户　　14. 楼道 5. 消防栓　10. 开关　15. 楼道灯具	不合格次数	处理结果

检查人：

说明：对照《清洁工作检验标准》，由班长检查记录，合格在记录栏内打"√"，发现不合格时写出对应项目序号及不合格原因，轻微不合格由班长处理，发生严重不合格时，由班长及时报告管理处主任处理。

▲ 小区室外清洁日检表

小区室外清洁日检表

单位：　　　　　　　　　　　　　　　年　月　日

日期	检查记录受检人 \ 检查项目	1. 人行道　6. 游乐场　11. 岗亭　　16. 污水井 2. 排水沟　7. 卫生间　12. 绿地　　17. 路洒 3. 散水坡　8. 垃圾池　13. 公共场地　18. 宣传栏 4. 停车场　9. 垃圾站　14. 雕饰　　19. 喷水池 5. 单车棚　10. 马路　　15. 标识牌	不合格次数	处理结果

检查人：

说明：对照《清洁工作检验标准》，由班长检查记录，合格在记录栏内打"√"，发现不合格时写出对应项目序号及不合格原因，轻微不合格由班长处理，发生严重不合格时，由班长及时报告管理处主任处理。

▲清洁员岗位安排表

清洁员岗位安排表

单位：　　　　　　　　　　　　　　　　年　月　日

清洁员姓名	岗位范围	主要工作任务	备注

定岗人：　　　　　　　　　　主任签字：
说明：1. 由班长安排定岗，报主任审批；
　　　2. 由管理处保存三年。

第六章　现代物业治安保卫管理制度与表格

▲安全保卫管理制度

第一条　安全保卫工作特指公司办公区域内的防盗、防火及其他保护公司利益的工作。

第二条　行政管理部负责公司办公区域的安全保卫工作，办公时间（8：30～17：30）由前台秘书负责来宾的接待引见工作，非办公时间（17：30～次日8：30及节假日）由行政管理部指定专人负责办公区域的安全保卫工作。

第三条　公司实施门禁管理系统，非办公时间职员应使用门禁卡进入办公区域。职员应妥善保管门禁卡，如门禁卡丢失要照价赔偿。

第四条　公司实施节假日值班制度，由行政管理部负责每月的值班安排和监督工作，值班人员必须按时到岗，并认真履行值班职责，检查各部门对各项安全制度、安全操作规程是否落实。

第五条　行政管理部夜间值班人员负责每日的开门和锁门，每日晚上值班人员在锁门前必须认真检查办公区域内的门窗是否锁好，电源是否切断，保证无任何安全隐患。

第六条　办公区域内的门锁钥匙由行政管理部专人负责保管，并每日早晚按时将办公室的门打开、锁好，一般职员不得随意配置门锁钥匙；计划财务中心的钥匙由本部门保管。

第七条　公司职员应妥善保管印章、钱款、贵重物品、重要文件等，下班前将抽屉及文件柜锁好，切断电源后方可离开。

第八条　公司行政管理部负责组织有关人员不定期地对公司办公环境的安全实施监督检查。如有安全隐患，相应部门要及时整改。

第九条　公司所属办公区域的门锁钥匙，启用前应在信息管理中心行政管理部备份一套，行政管理部须妥善保管，以备急需时使用。

第十条 公司物品运出办公区域须填写《出门证》，经有关领导批准后方可搬离。

▲安全保卫防范工作规定

第一条 安全保卫承包责任制要以各部门、室、各分公司为单位全面实行。各分公司要落实到班组，责任到人，签订承包合同，明确职责，落实奖惩。

第二条 各通信要害部门一律安排警卫人员守卫，并认真贯彻落实《通信要害管理规定》。

第三条 落实大厦及部门值班巡逻措施。存放现金在10万元以上的库房，要由两个或两个以上专职人员同时值守。

第四条 重点部位一律实行"四铁两器"。重点部位是指生产要害部位，包括机房、电脑机房、营业厅、财务部、存放1万元以上现款的部位、存放秘密文件的档案室、图纸资料部位、存放贵重物品或枪支弹药的库房及其他应该切实保障安全的部位。

"四铁两器"是指铁门、铁窗、营业柜台护栏、保险柜及灭火器、报警器（包括营业厅防抢报警铃）。

第五条 落实现金提送的有关规定。现金在1万元以上且运送距离在500米以上的，要用机动车提送款；在1万元以上，但距离在500米以下，或1万元以下的提送款，须两人以上同行押送。

第六条 存放现金在10万元以上的，要设立具备较高防火、防爆、防盗、防抢性能的金库，并要落实安全管理制度与措施。

▲保安部工作管理制度

第一条 仪容仪表

1. 保卫、消防人员上岗前不得饮酒，上岗时间要求穿制服，佩戴内部治安执勤证、武装带、警号等。

2. 保安、消防人员上岗时间要集中注意力，保持举止端庄，处理问题时要认真分析、果断、公平。

3. 保安、消防人员不准留长头发、小胡子、长指甲，违者将给予通报批评，限期改正。

第二条 执勤部分

1. 消防中心不准打与业务无关的电话，非保安人员不得进入消防中心，任何人不准在消防中心会客或聊天。

2. 遇到报警时，消防值班人员应沉着、冷静、准确地向有关部门或值班主管报告。值班人员不准错报，不准随便离开控制室，如擅自离岗者，按失职论处。

3. 值班人员必须经常打扫卫生，保持值班室干净、整齐，各类控制台（如报警器、水泵控制台）无灰尘。

第三条 外勤部分

1. 保障消防通道和停车场所畅通，机动车、自行车的停放要整齐有序，如因乱停放而造成塞车，追究值班人的责任。

2. 外勤值班员必须按规定经常巡视重点位置（如配电房、锅炉房、发电机房、空调房、地下水泵等），发现可疑的人要查问清楚，防止发生意外事故。

第四条 考勤处理方法

1. 迟到、早退10分钟内给予警告处分，超过30分钟以上算旷工半天，旷工一天扣当月奖金的50%。

2. 请事假一天必须由领班批准；请假一天以上由部门主管批假；请假必须由本人以书面形式提出，不准别人代请或通过电话请假。

3. 病假必须有指定医院的医生开具的证明，方可病休。

4. 不请病假，旷工一天扣两天薪金；旷工两天以上者，呈报总经理室给予行政处分。

5. 工作时间严禁会客、做私事及其他与工作无关的事，发现一次扣除当月奖金，造成工作失误者根据情节轻重给予处罚。

6. 按时交接班；交接班时要详细填写值班笔记，领班每天须详细检查记录情况，发现问题要及时汇报。

7. 严格遵守保密制度，不许泄露保安部人员编制等资料。

▲大厦出入治安管理规定

为保障小区的公共秩序和业主（住户）的生命财产安全，根据《中华人民共和国治安管理处罚条例》、《××省物业管理条例》和《××市社会治安综合治理条例》的有关规定，特制定本规定。

1. 各业主（住户）应认真如实填报《业主（住户）情况登记表》。

2. 大厦内公共区域的治安保卫工作由辖区派出所和管理处负责，管理处工作人员及保安员有权对违反小区管理规定的行为进行检查、纠正。

3. 实行封闭式的保安管理办法，即保安实行24小时值班，大厦内人员凭出入证、外来人员凭身份证登记进出。

4. 业主（住户）不得携带过大、过重非私用的、非生活用品，以及易燃、易爆、剧毒，或有污染物品进入大厦内。

5. 为保证业主（住户）利益，凡非住户携带手提箱、包装箱等大件物品出门，须先填写有住户签字或盖章的"货物出门证"，由保安人员验证后方可出门。

6. 凡住户搬离大厦应提前两天报管理处，填妥有业主签名（盖章）的"搬运物品申请清单"，管理处工作人员核实并查清有关费用已经结交后签名（盖章），由保安人员验证后方可出门。

7. 业主（住户）有责任关好自家及公用电子防盗门，并保证有关治安报警设施的完好及有效使用，并承担相应事故的责任和惩处。

8. 业主（住户）要妥善保管好居室内贵重物品，不要在家中留存大量现金和重要文件、资料。

9. 各业主（住户）应遵守《××市暂住人员户口管理条例》，要按规定申报登记住宿人户口，不得留居三无人员，否则造成的一切后果由业主（住户）自负。

10. 业主（住户）有权拒绝不持证、不佩戴工作牌人员的盘查和进入私人住宅的要求。

11. 大厦内严禁进行一切违反治安管理条例和触犯法律的活动，不得损毁、移动、阻碍指示标志。

▲ 财物失窃处理办法

第一条　本公司发生财物失窃事件后，有关人员须在第一时间到达现场，查看该房门是否有明显损坏或被硬物撬开的迹象。

第二条　开门进入房间后，须查看房内之物是否凌乱，行李或提箱、橱柜是否被撬开。

第三条　检查商品柜台玻璃、挡板等有无明显被移动的痕迹。

第四条　不可移动现场摆设、触摸任何物件，须用摄像机拍摄现场。

第五条　及时封锁现场，不准任何人进入。

第六条　观察有无形迹可疑人员出入，记录被窃物品价值、盗窃时间等等。

第七条　执法人员到现场后，应主动协助其工作，为执法人员提供资料影印副本，以做好内部调查。

第八条　对所涉及的各部门人员进行调查并录取口供，同时对重点部位和个人进行严密调查。

▲ 治安管理规定

1. 钥匙管理规定。

公用钥匙不得带出单位，保安部在员工出入口保安岗设置钥匙保管专用箱，大厦的全部钥匙必须在保安部封存一套，无特殊情况不得动用。

万能总钥匙和紧急万能钥匙的发放管理：

（1）总经理应掌握一套万能总钥匙。如离任或需要转交他人时，应履行书面交接手续，同时通知保安部备案。

（2）保安部配备一套万能总钥匙和紧急万能钥匙，同时封存其余的万能总钥匙和紧急万能钥匙。需要动用时，须经总经理批准，并要求对钥匙使用的情况进行详细记录。

2. 处罚。

（1）总经理可随时检查保安部钥匙的管理情况，发现问题通知人事部门视情节轻重扣除保安主管或责任人浮动工资。

（2）对违反钥匙管理规定的员工，保安部有权向行政事务部建议扣发其当月浮动工资或岗位工资。

（3）各部门经理有权处罚本部门违反钥匙管理规定的员工。

（4）客人造成门锁损坏或钥匙丢失的，要按价收取赔偿费。

（5）员工造成门锁损坏或钥匙丢失的，除照价赔偿外还可酌情予以处罚。

3. 对施工人员的管理。

（1）外来施工单位，统一由工程部按章管理，并签订施工协议书，由保安部对其进行安全教育和签订安全协议书后方能施工。

（2）施工人员必须佩戴由保安部制作发放的出入牌，按指定路线、门口出入；进出要自觉接受保安人员的检查。货物出门一律由工程管理部门出具证明并到保安部盖章认可，无出门条门卫不予放行。

（3）施工人员要注意仪表仪容，不得赤脚，不得只穿背心、拖鞋。搬运大件器械，要通知保安部并按指定通道通行。

（4）施工人员必须履行有关规定，不得使用客用设施，不得擅自进入与施工无关的区域，未经批准不得使用员工福利设施（如洗澡、用餐等）。

（5）施工单位及个人必须严格执行消防和动火、用电、使用易燃物品的规定，动用明火必须经工程管理部门同意，到保安部开具动火证明。动火人员必须持有电气焊许可证。

（6）施工单位应对本单位人员妥善管理，如因管理不善造成重大经济损失，保安部应与该单位及时交涉，要求对方赔偿经济及声誉损失，直至取消合同。

（7）施工工程完毕，施工单位应及时退回全部出入证件。

4. 对外来人员（承租单位人员）的管理。

（1）承租场地从事经营活动的单位员工应遵守出租单位的各项管理规定。

（2）承租单位的员工上岗前应到保安部办理出入证件，由员工出入口进出，且佩戴出入证，接受保安部警员的检查。

（3）外来人员须注意仪表仪容，不得赤背、穿背心、短裤、拖鞋或边走边吃零食进出。

5. 仓库安全管理规定。

（1）严格执行公安部门安全、消防规定，健全守护制度，严格仓库出入检验制度，出入物品要分类造册登记，请专人管理，明确责任制，防火防盗。

（2）易燃易爆、有毒的化学物品或易造成危害的充压器及价值较高的贵重物品等，严禁存放于库房内。

（3）钥匙指定专人保管，严格仓库锁匙管理，门窗要安全牢固，一般不准在库房内设办公室，不准在休息室存放私人物品，不准会客及夜间留宿。

（4）严禁在库房内吸烟，禁止增加除照明设施以外的电器设备，未经许可不得更改房内任何建筑设施，严禁遮挡、损坏、挪动库房内的消防设施。

（5）由于失职导致岗位或区域发生事故、火灾、被盗等，除损失自负外，还将视情节轻重予以处罚或提请司法机关处理。

6. 拾获物品的管理。

（1）员工拾获物品，应交到保安部或先交部门经理转交保安部。

（2）各部门接到员工拾获物品后须认真记录在案，写清日期、房号、拾获地点、物品名称、拾获人姓名及部门等详细情况。

（3）所有遗留物品都必须封闭锁好。一般物品和贵重物品要分开存放，储存柜钥匙由部门经理保存，如无人马上认领，应交保安部封存。

（4）对贵重物品，应尽力了解客人住址，写信或电话通知客人认领。如保留时间超过一年无人认领，由保安部报总经理另行处理。

（5）客人来认领遗失物品时，须让其说明所失物品的特征、遗失时间及地点。核准后如数交还客人，并请客人在登记簿上签字，系贵重物品还须留下地址或电话。

（6）请不要在大庭广众之下清点拾获到的现金数目或展示，以防他人冒领。

7. 对停车场及"出租车"车辆的管理。

（1）由保安部负责停车场交通、治安、收费，车辆司机应服从车场工作人员的管理。

（2）停车场是收费停车场，只提供泊车方便，不负责保管，凡占泊车位的车辆均应照章交费，对乱停乱放的车辆酌情给予处理。

（3）保安部派岗，只有经考核结业并持有"调度证"的人员才有权对客人用车进行调度。

（4）"出租车"车辆应按指定位置排队候客，不得乱停乱放或抢活拉客。

（5）严禁出租车司机使用内部电话或设施，工作人员有义务进行劝阻，经劝阻不听者可通知保安部处理。

（6）调度员不得与出租车司机攀拉关系、收受贿赂、提供方便，一经发现从严处理。

（7）保安部有权对违反规定的出租车司机，给予批评教育或处罚。

（8）保安员应看护好停放的车辆，维护好停车场的秩序。

（9）长驻客户的车辆均应办理停车泊位，凡在地面上停车者将照章收费或请其办理"临时停车证"。

▲小区居民治安义务

1. 遵守国家、市、县的有关治安管理条例和本区管理委员会公布的、旨在维护本区生活秩序和安全的各项规章制度。

2. 密切配合安全部的治安管理工作，在保安员前来查询时，应给予主动协作。

3. 勇于制止、举报破坏本区治安秩序，或造成治安隐患的人、事，并协助安全部处理。

4. 及时将留住的流动人员、暂住人员向派出所和安全部予以申报；流动人员应在三天内，暂住人员应在十天内持有效证件到派出所登记。

5. 正确使用电子防盗门、电子防盗对讲系统，并教育小孩爱护有关设施。

6. 注意锁好住宅门窗和自己的车辆，不得让陌生人进入住宅或跟进住宅楼。

▲保安员培训管理制度

1. 保安部将根据每个员工的素质和表现以及公司、部门管理和服务工作的需要，进行不同形式、不同层次的培训。日常培训按层次管理原则，即部门经理负责对主管的培训，主管负责对保安员进行周期性培训。

2. 保安部每季度对员工进行一次思想品德和工作业绩方面的评估，作为员工下一季度工资标准的依据。

3. 保安部每半年对员工进行一次业务技能和外语知识的考核，成绩存档，作为晋升、降职或奖罚的依据之一。

4. 如员工严重违纪但又未达到开除的程度，部门可酌情对其重复培训。

▲保安员日常管理制度

1. 保安部依据公司的《员工守则》对保安员进行管理，同时根据"严格培训，严格管理"的要求，在实施具体管理时更应强调保安工作的重要性。

2. 保安员应"律人先律己"，如保安员违反公司纪律，一律从严处理。

3. 对保安员的日常管理和培训工作由保安部经理负责，各班组主管具体指导，每月由部门经理或主管主持召开一次保安员大会，每周一次由主管主持召开班务会，小结工作及进行思想品德和业务知识培训。

4. 保安部例会每周一次，传达上级指示，研究解决警卫班的问题，总结上阶段工作，布置下阶段任务。

▲保安部领班工作制度

1. 上班时间例行巡查各工作岗位值班情况，并登记在册以备核查，凡在工作中出勤不出力、敷衍了事的，一经发现立即从严处理。

2. 上班时间不准迟到、早退，严禁无故旷工、请人代班，有特殊情况需提前向经理请假并征得同意，否则按有关条例加倍处罚。

3. 工作当中处处以身作则，不要特权、刁难客人，做不利于工作的事等，一经发现将严惩。

4. 严禁利用工作之便去营业场所闲聊、下棋或做其他与工作无关的事，一经发现从严论处，造成不良影响时予以开除。

5. 不准在保安部办公室聊天、打与办公无关的电话和做与工作无关的事，发现第一次予以警告，第二次写书面检讨，第三次扣除当月全部奖金。

▲保安部上班管理制度

1. 严格遵守本公司的各项规章制度。
2. 着装整齐、仪表端庄、精神集中、文明礼貌，不准便装、制服混装上岗。
3. 应按时上、下班，严禁迟到或早退。
4. 服从命令、听从指挥，完成上级交给的任务。
5. 不准离岗、脱岗、互相串岗。
6. 不准利用工作之便无故刁难顾客和游客。
7. 不准利用工作之便动用公司财物。
8. 禁止会客接友、打电话、看书看报等。
9. 严禁吸烟、喝酒、睡觉等。

▲安全工作总结制度

1. 保安部工作总结直接汇报部门经理。
2. 工作总结中应包括公司安全概述、消防安全情况、本月案件统计、内务管理自述四个方面。
3. 公司安全概述应将公司内各种场所所发生的事件及处理决定加以详细说明。
4. 消防安全情况主要述说本月的消防检查是否发现隐患及是否发生火情火灾事故。
5. 本月事件案件统计，从每月保安值班记录中统计。
6. 内部管理自述报告，反映一月内的人事变动、员工培训及员工重大违纪事件。

▲当班前列队训练制度

1. 检查保安员衣着、装束。
2. 每日分三班，由三名主管召集，当值全体工作人员参加。
3. 班前点名，并由主管交代当班的工作及注意事项。
4. 必要时将进行站姿、走姿等军体训练。

▲日常工作记录管理制度

1. 当值主管、领班、停车场警卫、监控室警卫依次在记录本上填写日常工作情况。
2. 记叙事件须有时间、地点、人物、处理结果、遗留问题。
3. 填写完后交保安经理审阅。

▲保安装备交接制度

1. 公司保安部所配用的对讲机，每日交班时，需由使用人在上班或下班时至监控室领取和归还，并签名。
2. 保安员使用的电筒、应急灯由保安主管领取和归还并签名确认。
3. 冬季警用大衣领取，需当日使用人在上下班时至监控室领取和归还并签名。
4. 所有保安装备非自然原因损坏的，将追究当事人的责任。

▲保安员纪律规定

1. 遵守国家法律、法令。
2. 遵守《保安员仪容仪表规定》，做到精神饱满，文明执勤。
3. 执行《公司文明礼貌用语规定》，讲文明，有礼貌。
4. 严格遵守保安员《上岗制度》、《考勤制度》、《交接班制度》。
5. 严格遵守《警械的使用规定》、《保安管理条例》。
6. 禁止利用工作之便敲诈勒索，收受贿赂。

▲突发事件处理制度

1. 遇有突发事故发生，所有员工必须服从总经理或有关领导的指挥调遣。

2. 本公司员工一旦发现可疑情况或各类违法犯罪分子及活动，应立即报告保安部。

3. 发生偷窃、抢劫、凶杀或其他突发性事件，应立即报告保安部和值班主管，同时保护好现场，除紧急抢救外，无关人员不得进入现场。

4. 当治安管理部门、保安人员进行安全检查和处理案件时，有关员工应积极配合，正确提供情况。

5. 发生火警火灾时，工作人员除立即报告消防中心外，应马上采取有效措施先行扑救火灾，扑救完毕保护好现场，待有关部门检查完毕后方可整理事发现场。

▲ 保安员交接班的规定

保安员交接班，应遵循下列规定：

1. 按时交接班，接班人员应提前10分钟到达岗位，如接班人员有特殊情况未到达前，当班人员不准离开岗位。

2. 接班人员要详细了解上一班的执勤情况和当班应注意的事项。

3. 交班人员应将当班时发现的情况、发生的问题、处理情况及注意事项向接班人员交代清楚。

4. 当班人员发现的情况要及时处理，不能移交给下一班的事情要继续在岗处理完毕，接班人应协助完成。

5. 接班人员应注意检查岗位范围内的物品、设施和器械装备等，发现异常情况应立即报告，必要时双方签名作证。

6. 交班人员应负责清理值班场地卫生。

▲ 对讲机的配备、使用管理规定

1. 对讲机按岗位配备，每岗一台，固定编号。

2. 对讲机只用于工作和突发事件时的联系。大厦有外来人员或施工人员进出运货等，可用对讲机通知相关人员留意或监督检查。严禁用对讲机进行聊天、说笑，不得讲一切与工作无关的事。注意爱护对讲机，并认真做好对讲机的交接工作，以防出现问题时互相推卸责任。

3. 谁使用谁保管，不用时由保安领班对对讲机进行保管，使其保持完好无损。

不能使用或丢失时要及时向上级汇报。对讲机严禁外借，非因公丢失、损坏的，照价赔偿。

4. 由保安领班负责每季度进行一次检查，并填写检查记录。

▲安保的岗位操作程序

1. 监控中心安保工作程序：
（1）上岗前自我检查，按规定着装，仪容、仪表端庄整洁，做好上岗签名。
（2）安保监控，消防报警系统昼夜开通，设立 24 小时监控值班岗，全面了解和严密监视大厦安全状况。
（3）当班员工要密切注意屏幕情况，发现可疑情况定点录像。在大堂、客梯、楼面及要害部位发现可疑情况要采取跟踪监视和定点录像措施，并通知有关岗位上的安保人员，另行注意或询问盘查，同时向安保部报告。
（4）如发现火灾自动报警装置报警，应立即通知使用人（保卫科）和安保巡视，迅速赶赴报警现场，查明情况。如是误报，应在设备上消除报警信号。
（5）与工作无关人员，不得擅自进入监控室，工作联系持介绍信在有关领导的陪同下方可入内，并做好登记手续。
（6）建立岗位记事本，发现有异常情况，应记录备案，做好交接班的口头和书面汇报。
（7）进入监控中心必须换拖鞋，保持室内整洁，严禁吸烟，严禁使用电水壶及其他明火，设备与操作台上不得堆物。
（8）监控中心人员必须保持充沛精力，以高度的责任感认真观察，不得随意向外人提供本楼监控点、消防设备等安保方面的详细资料。

2. 大堂内安保工作程序：
（1）上岗前自我检查，按规定着装，仪容、仪表端庄、整洁，做好上岗签名。
（2）精神饱满，站姿端正，真诚微笑，在大堂内执行安全保卫任务。
（3）遇不明身份者，问清情况，与使用人及时联系，办理有关手续后方可入内。建立岗位记事本，发现可疑情况，不论如何处理，都应有记录。做好交换岗和交接班的口头与书面汇报。
（4）每天 24:00 点以后必须有礼貌地执行验证工作。
（5）严格执行各项规章制度，严格工作作风，树立安保的良好形象。

3. 门卫流动岗、广场外安保工作程序：
（1）上岗前自我检查，按规定着装，仪容、仪表端庄、整洁，做好上岗签名。

（2）精神饱满，勤巡逻，勤观察，勤思考，发现衣冠不整者和其他闲杂人员阻止其入内。

（3）维护大厦门口交通秩序，指挥和疏导进出车辆，引导要及时，手势要规范。

（4）遇有运输车出入，进门时问清来车单位和目的，出门时要验看出门证（出门证由需方部门签证，各项手续完备才能放行）。

（5）建立岗位记事本，发现有异常情况，不论如何处理，都应有记录。做好交换岗和交接班的口头与书面汇报。

（6）发现垃圾及时请清洁员工打扫，保持工作环境的整洁。

4. 巡视稽查安保工作程序：

（1）上岗前自我检查，按规定着装，仪容、仪表端庄、整洁，做好上岗签名。

（2）巡视范围包括主楼各层楼面、裙房、员工通道、男女更衣室、各处通道。

（3）按责任路线巡视检查，上楼或下楼，呈 S 形巡视，发现问题及时解决。遇重大问题通知领班，巡视中严防"死角"。

（4）巡视中应思想集中，通过"看、听、闻、问"，发现问题及时向领班汇报。巡视时还得注意消防设施及器材。

（5）巡视时见使用人要主动打招呼问好，有礼貌地回答使用人的查询，实行文明服务。

（6）建立岗位记事本，发现有异常情况，应记录备案。做好交换岗和交接班的口头与书面汇报。

（7）接到治安、火警报警，应及时赶到现场，了解情况，作出正确处理。

5. 地下车库安保工作程序：

（1）上岗前自我检查，按规定着装，仪容、仪表端庄、整洁，做好上岗签名。

（2）精神饱满，进行车库安全服务，停车合理，指挥规范，队形整齐。

（3）经常巡视已停车辆，发现车辆门、后盖未锁或玻璃窗未摇上的要及时予以锁好、摇上。

（4）外来车辆实行停车收费，泊位在临时车道上，原则上每小时 10 元。具体收费标准另定。

（5）建立岗位记事本，发现有异常情况，应记录备案。做好交接岗和交接班的口头与书面汇报。

（6）在有客人出入的公共活动区域，设立禁止车辆停放的醒目标志，发现有车滞留，告知驾驶员立即开到指定地点停放。

▲居住区保安队奖罚规定

1. 论功行赏。
(1) 抓获一名违法犯罪分子,奖励300元(三无人员除外)。
(2) 在本辖区内,为社会治安综合治理做出重大贡献者,除向有关部门申报嘉奖、立功外,另奖200元。
(3) 在追捕违法犯罪分子过程中,英勇负伤奖300元,负重伤奖2000元,并由服务中心负责全部医疗费。
(4) 协助派出所或有关部门破获案件一宗奖100元。
(5) 能遵守保安队学习和训练制度,学习训练成绩优秀、工作积极肯干者,经班或分队评选,奖300元。
(6) 责任地段每季无发生治安案件的,奖全部责任人共计200元。

2. 违规处罚。
(1) 打人(追捕犯罪分子与自卫除外)、骂人、虐待捕获的犯罪疑犯,罚款100元,并承担受害人一切医疗费用,情节严重者送司法部门按法律程序处理。
(2) 以查物证或其他借口为由,敲诈勒索人民群众钱物的,一次罚款300元,情节特别严重者由保安队开除并送有关部门依法处理。
(3) 在责任地段内发案一宗,每一责任人罚款50元。
(4) 工作不负责任,擅离职守,工作时间干与工作无关的事,一次罚款30元,两次罚款80元,三次开除出队。
(5) 在执勤时喝酒、会客、看书、看报、抽烟、坐下、躺下、闲谈等,一次罚款10元,两次罚款20元,三次30元,屡教不改者劝其离队。
(6) 有事不请假、上岗迟到早退,每次罚款10元;无故旷工不上岗,每旷工一天罚款50元,并扣发当日工资,旷工两天加倍处罚,旷工三天自动离队除名。
(7) 在逮捕违法犯罪分子时,畏缩不前,贪生怕死,致使犯罪分子伤害到群众、保安员和其他人员,或让犯罪分子逃脱,罚款200元,并按情节轻重给予纪律处分或开除出队。
(8) 对保安员擅自留人在保安队宿舍留宿者,一次罚款30元,两次罚款60元;对在宿舍吵闹及超过睡觉时间未回宿舍者,一次罚款5元。
(9) 不熟悉责任地段情况者,罚款10元。
(10) 发现情况不及时汇报者一次罚款10元。

以上奖罚各条均需经服务中心经理(主任)、保安队队长中至少两人以上联合调查证实后，方可执行奖罚，严禁一人单独执行奖罚；保安员对奖罚不服，认为不公正的，可直接向公司投诉，要求公正裁决。

▲居住区保安队纪律规定

1. 讲文明礼貌，严禁打人骂人，严禁虐待捕获的任何犯罪嫌疑人。
2. 执勤时必须穿统一的保安服（特殊情况例外），佩带装备、着装整齐。
3. 执勤时禁止喝酒、吃零食、抽烟，不准会客、看书、看报，不准背手、抄手或将手放在裤袋内，不准闲聊、嬉戏或干与执勤无关的事。
4. 接受群众监督，不得敲诈勒索群众财物。
5. 不允许在辖区范围以外查证、验物，但发现现行违法犯罪人员或赃物的除外。
6. 不准将扣押物品擅自处理动用。
7. 无论什么时候，接到上级通知要立即行动。
8. 要有连续作战的精神，提高警惕，时刻准备打击不法犯罪分子。
9. 不能行使公安人员职权，但有在辖区内盘查检查物证的权利。
10. 要有为人民服务的精神，积极、热情地为群众做好事。
11. 要遵守保安队的各项规章制度。

▲突发事件应急预案

为了增强各租赁单位及管理部全体员工对突发事件的反应能力，做到遇突发事件不慌不忙，有步骤、有秩序地实施各项紧急措施，以确保大厦内国家财产及使用人的安全，特制定大厦突发事件（爆炸、抢劫、盗窃及自然灾害事故）应急预案。

1. 报案程序。

各租赁单位及物业管理部全体员工，凡发现大厦内发生爆炸、抢劫、盗窃及自然灾害事故，一定要保持清醒的头脑，及时采取边报告边排险的有效措施。一般按部门主管、总值班、安保部门顺序报告，在特殊紧急的情况下可先报安保部门（或监控中心）。总值班、部门主管如遇特殊情况，发现案犯正欲逃跑等危急情况，可先通知大堂内安保及门卫安保采取封闭措施，而后及时报告有关领导、部门。

2. 各级职责。

(1) 管理部主任、总值班职责。
①接到报警后立即赶到现场,指挥安保部门和有关部门共同做好现场保护。
②根据现场情况组织人员抢救危难伤号(保护现场)。
③遇有案犯在逃等特殊情况,立即指挥有关人员进行堵截捉拿。
④指挥安保等部门人员配合公安部门做好案件侦破工作。
(2) 安保部门职责。
①接到报告后,除一人留守安保部门进行联络外(夜间除外),其余应迅速赶到现场,在管理部(总值班)的领导下组织有关人员保护好现场。
②根据现场情况协助领导做好排险救难工作。
③夜间接到重大抢劫、盗窃、爆炸等恶性案件的报告后,立即通知安保人员,及时关闭所有大门,人员只准进、不准出。
④对现场情况作一定了解后,视情况报告公安部门。
⑤遇案发情况,组织巡逻队、大堂内外安保,对可疑人员(案犯)进行围、追、堵、截。
⑥协助公安部门做好案件侦破审结工作。
(3) 租赁单位职责。
①如发现自己所在楼层有爆炸、抢劫、盗窃及自然灾害等事故,应保持镇静,立即报告管理部或安保部门,见机行事。
②做好现场保护工作,劝阻周边地区的人员不得进入。
③遇重大凶杀、盗窃等现场,立即通知安保部,及时抢救重伤员,封闭现场。严禁任何人进入现场,等大厦管理部、安全保卫部门前来协同处理。
④各租赁单位有职责协助大厦安保部和配合公安部门做好案件的侦破工作。
(4) 电话总机职责。
①接到各类报警电话立即报告管理部主任、安保部门。
②在整个案件处理过程中起好上传下达的作用,确保案发现场电话线路的畅通。
③发生重大恶性案件要保持沉着冷静,确保大厦内外电话线路畅通完好,不出现临阵脱岗现象。
(5) 巡逻队、监控室职责。
①接到报警后火速赶到现场,发现安保主管尚未到现场应立即通知,并与有关人员做好现场保护。
②安保人员应及时奔赴各处要道,协助各大门警卫,共同做好对嫌疑人员的布控。
③发生重大灾情事故,负责事故现场周围的巡逻防范。
④夜间发生重大抢劫、杀人、盗窃、爆炸等突发事件时,立即会同各大门警卫

封锁大门,人员只准进、不准出,查实无疑经安保部门同意后才可离去。

⑤监控中心发现可疑人要进行定点录像,善于捕捉各类疑点,掌握第一手资料,对画面上的不明人与事,要正确及时地通知安保部门和巡逻队,起到监控中心的应有作用。

(6)部门主管(包括夜间值班领导)职责。

①接到部门员工的报告立即赶到现场,视情况报告管理部主任(总值班)、安保部门,同时组织人员做好现场保护。

②根据管理部主任(总值班)、安保部门的处理意见,指挥部门员工迅速做好排险救难工作。

③遇有案犯在逃等紧急情况,配合安保人员组织部门员工进行堵截捕捉。

(7)管理部所有员工的职责。

①当大厦内发生重大事件时,各部员工应立即报告各部领导或安保部门,见机行事。

②做好现场保护工作,及时对重伤员进行抢救。

③遇重大凶杀、抢劫等现场,一经发现立即报告安保部门,如场内无重伤人员,立即封闭现场,严禁任何人进入现场,等部主任和安保部门前来处理。

④遇盗窃案件立即封闭现场,除部主任、安保部门同意外,严禁他人进入现场。

(8)大堂内安保及各门卫流动岗的职责。

①接到一般行窃、抢劫、流氓滋事等报案后,立即加强对离楼人员的盘问、观察,注意从中发现可疑人员。

②如发现可疑人员立即通知安保部门,并采取可行措施,防止可疑人员逃跑。

③发生重大案件(包括自然灾害事故、爆炸、行凶抢劫、杀人、盗窃等),大堂内外安保必须坚守岗位,听从安保部门统一调配,离开本岗时要招呼其他人员照应一下。

▲突发事件的处理

1. 火灾处理程序:
(1)接到或发现火警时,立即拨打119并向服务中心报告。
(2)安全交通部主任接到火警通知后,立即到现场指挥灭火救灾工作。
(3)指派一名主任协同管理人员负责楼内住户的疏散工作。
(4)信息中心立即通知有关人员到指挥部集结待命。

（5）保安人员立即控制大门的出入口，对所有的人员，只许出，不许入。

（6）通知工程部变电室断电，启动备用消防电源。

（7）通知空调机房，关闭空调系统，开启防、排烟系统及加压风机。

（8）通知水泵房，随时准备启动加压水泵。

（9）消防队到达后配合其工作。

（10）通知有关工程人员将消防系统恢复正常。

2. 对爆炸物及可疑爆炸物的处理：

（1）保安人员发现或接到各类可疑物品时，要立即向主管领导及服务中心报告，并留守现场，防止任何人再接触可疑物。

（2）主管领导立即组织人员赶到现场，向有关人员了解情况，当初步确认可疑物品为爆炸物件时，立即对附近区域的人员进行疏散，并设置临时警戒线，任何人员不得擅自入内。

（3）立即向公安机关报案，并向公司领导通报。

（4）对附近区域进行全面搜寻，以消除隐患。

（5）待公安人员到现场后，协助公安人员排除爆炸物隐患，并进行调查。

（6）如果爆炸已经发生，保安人员要立即赶到现场扑救火灾，协助抢救，运转伤员，稳定客人情绪，保护好现场，安置疏散人员。

3. 接报刑事案件的处理：

（1）接报人员首先要问清报案单位、报案人姓名，并要求在场人员不得动用现场的任何物品，做好现场保护。

（2）向公安机关报案，等待警车到达现场。

（3）将报案情况向主管领导及服务中心通报。

（4）保安人员到现场后对现场进行保护，劝阻、疏散围观人员，对现场及外围人员进行观察，并记录在心。

（5）对焚物现场要迅速组织人员扑救，并最大限度地将现场保护完好。

（6）配合公安人员向当事人员及现场有关人员了解案情。

（7）受伤人员在向公安机关请示后，应及时送往医院救护。

（8）向警方介绍情况并协助破案。

4. 接报治安事件的处理：

（1）接到斗殴、流氓、暴力事件报案时，要问清案发地点、人数、闹事人是否带有凶器，立即向派出所报案。

（2）通报主管领导及服务中心，并立即赶赴现场、控制事态、劝阻疏散围观人群。

（3）协助公安机关制止双方的过激行为，分别将各方带到保安部，进一步了解情况，做好笔录，并提出对事件的处理意见。

（4）派人清查损坏物品的数量。

5. 对精神不正常或蓄意闹事人员的处理：

（1）如发现可疑人员，要采取观察、交谈等方式探明来人是否有精神病、呆傻或出丑闹事的迹象。

（2）通过劝说、诱导或强制等方法，制止或制服来人，以免事态扩大，造成不良影响。

（3）迅速将来人带到保安部门，查明来人身份、来意、工作单位及住址，并劝其离开本区域。

6. 停电处理程序：

（1）保安员发现或接报停电时，立即通知服务中心。

（2）由服务中心指派保安、工程人员到现场保护、检查系统，若属供电局责任，立即联系。

（3）若属服务中心维修范围立即抢修。

（4）供电正常后，报告服务中心。

7. 对水浸（跑、冒、漏）的处理程序：

（1）保安员发现或接报跑、冒、漏水时，立即通知服务中心，并采取措施。

（2）服务中心接报后，通知工程部有关人员赶到现场。

（3）到现场后立即阻断水源并防止水浸范围扩大，断电并进行抢修。

（4）清洁水灾影响的范围。

（5）报告服务中心。

（6）工程有关人员确认后，恢复正常供电。

8. 气体泄漏处理程序：

（1）保安员发现或接报有燃气等泄漏时，立即通知服务中心和燃气公司。

（2）由服务中心通知保安员、工程人员到现场（关闭对讲机，不可使用任何电话、电动工具、机械玩具）。

（3）到现场后将所有门窗打开，进行通风，检查有关系统。

（4）控制事态后，通知服务中心。

（5）如无法控制事态，则立即疏散客户到安全地点（将房门锁好，带好钥匙）。

（6）必要时经请示有关领导后，通知消防部门。

（7）事情处理完毕后，报告服务中心。

▲ 保安交接班记录表

保安交接班记录表

班次：　　　　日期：　　　　　　No.

接班人姓名	交班人姓名	接班时间	岗　位
交班情况 （完好打"√"， 损坏打"○"， 损失打"×"）	1. 对讲机____台 2. 灭火机____瓶 3. 防毒面具____个 4. 雨伞____把 5. 雨鞋____双 6. 大衣____件	7. 记录本____本 8. 钥匙____条 9. 值班桌____张 10. 凳子____张 11. 信件____封	
本班发生的事件			
处理的情况			
未办完的事件			
下一班应注意的问题			
接班班长		交班班长	
领班意见			
备　注			

▲ 保安工作周检表

保安工作周检表

评分岗位	受评检人员 \ 评检项目 \ 标准分评	着装 A B C D E 20 18 16 14 12	礼仪 A B C D E 20 18 16 14 12	岗位执行 A B C D E 20 18 16 14 12	内务卫生 A B C D E 20 18 16 14 12	主管评分 A B C D E 20 18 16 14 12	总分
中控室							
地下停车场							
阁塔楼							
阁塔楼							
阁塔楼							
地面1号停车场							
地面2号停车场							
巡逻岗							
班　长							

检查人：　　　　　　　　审核人：

▲ 保安工作月检表

保安工作月检表

年　月　日

岗位	姓名	检查内容					总分
		着装	礼仪	岗位执行	班长评分	主管评分	

审核：_____

备注：1. 每项检查内容的检查结果共分五等，"1、2、3、4、5"。其中1等为"91～100分"；2等为"81～90分"；3等为"71～80分"；4等为"61～70分"；5等为"60分以下"。

2. 每项检查内容的评分结果为本月《保安工作周检表》汇总而得出。

▲ 来宾出入登记表

来宾出入登记表

访问时间：	年　月　日　时　分
来宾姓名：	识别证号码：
来宾服务单位：	
来宾地址：	来宾电话：
来访事由：	
受访者签名：	
离开时间：	时　分
备注：	

▲ 自行车出入登记表

自行车出入登记表

年　月　日

进场时间	车型	保管卡号	值班人	出场时间	值班人	备注

第七章　现代物业消防安全管理制度与表格

▲消防管理制度

第一条　加强消防宣传教育，使公司员工充分认识防火的重要性，增强防火意识。

第二条　宣传教育的内容包括：消防规章制度、防火的重要性、防火先进事迹和案例等。

第三条　宣传教育可采取印发消防资料、图片，组织人员学习，请专人讲解，实地模拟消防演练等方式进行。

第四条　义务消防员的培训工作由保安部具体负责，各部门协助进行。

第五条　保安部全体员工均为义务消防员，其他部门按人数比例培训考核后定为公司义务消防员。

第六条　保安部主管负责拟定培训计划，由保安部专案领班协助，定期、分批对公司员工进行消防培训。

第七条　消防培训的内容：

1. 了解公司的消防要害重点部位，如配电房、保安部、煤气库、货仓、机票室、锅炉房、厨房、财务室等。
2. 了解公司各种消防设施的情况，掌握灭火器的安全使用方法。
3. 掌握火灾时扑救工作的知识和技能，以及自救知识和技能。
4. 组织观看实地消防演练，进行现场模拟培训。

第八条　培训后，进行书面知识和实际操作技能考核，合格者发给证书，并评选优秀者给以奖励。

第九条　防火检查是为了发现和消除火警隐患。本公司须切实落实消防措施，预防火灾事故。

第十条　防火检查类别：

1. 保安部人员巡视检查。发现隐患后要及时指出并加以处理。
2. 各部门人员分级检查。第一级是班组人员每日自查;第二级是部门主管重点检查;第三级是部门经理组织人员全面检查或独自进行抽查。
3. 当地消防监督机关定期检查。

第十一条　防火检查的内容:
1. 员工对防火安全的意识和重视程度。
2. 各部门安全防火规章制度、操作规范、防火设备。
3. 各部门人员按安全防火规范的程序进行操作。
4. 各种设备、物品(尤其是易燃易爆品)的存放是否符合防火的安全要求。

第十二条　公司员工一旦发现失火,并能自己扑灭时,应根据火情的性质,就近使用水或灭火器材进行扑救。

第十三条　火势较大,在场人员又不懂扑火方法时,应立刻通知就近其他人员或巡查的保安员灭火。

第十四条　若火势发展很快,无法立刻扑灭时,应立刻通知总机接线员,执行火灾处理的扑救管理制度。

▲ 消防管理规定

为了加强本区消防工作,保护小区的公共财产和广大业主的生命财产的安全,根据《中华人民共和国消防条例》和本市有关消防规定,特制定管理规定如下。

1. 认真贯彻"预防为主,防消结合"的方针,服务中心经理为消防责任人,服务中心全体员工均为兼职消防员,其职责如下:

(1) 认真贯彻执行消防法规和上级有关消防工作的批示,开展防火宣传,普及消防知识,学习使用消防器材,每月学习、训练一次。

(2) 经常检查、记录消防器材设备完好情况,确保消防器材设备装置处于良好状态;检查防火通道,时刻保持畅通;检查防火安全公约的履行情况,及时纠正消防违章和消除火险隐患。

(3) 接到火灾报警后,在向消防机关准确报警的同时,迅速奔赴现场,启用消防设施进行扑救,并协助消防部门查清火灾原因。

(4) 按小区楼宇整栋为单位实行防火责任制,组织业主制定防火安全公约,责任到户,由楼长督促履行。

2. 本区内居民均有防火的责任和义务,为了自身和他人的安全,应遵守以下公约:

（1）尽量不让学龄前儿童及需要照顾的老、弱、病、残人士单独在家。

（2）不准把扫把、拖把、衣物等可燃物晒在阳台防盗网上，晾衣物应不超出阳台外立面，并且晾干后及时收入户内。

（3）安全使用天然气，烟头及火柴余灰要随时熄灭，出门时关闭天然气总阀门。

（4）不得把烟头及其他带火物品投向户外。

（5）教育小孩不要玩火和在本居住区内燃放烟花、爆竹。

（6）使用天然气时，将窗户打开，保持室内空气流通，一旦发生漏气时，亦可免气体积聚。有漏气现象时，不得使用门铃和室内电话。

（7）发生火警，应立即告知服务中心，并报警，然后关闭电闸和天然气阀门，迅速离开住所。

（8）发生火灾，切勿搭乘电梯逃生，应使用楼梯走廊逃生；烟雾浓密时，应尽量贴近地面爬行，并以湿毛巾遮盖面部，免受烟雾熏晕。

（9）遇强雷电天气，尽量关闭所有电器，拔掉电源插座，以免烧坏电器或发生火灾。

3. 本居住区内不应有下列妨碍消防安全的行为：

（1）损坏、挪用消防器材，挪用消防水源。

（2）未经审批进行室内装修。

（3）进行室内装修需要增设电气线路时，乱拉乱接电气线路。

（4）用不符合防火要求，未经防火处理的材料进行装修。

（5）烧焊等作业，未先向服务中心申请，审批后未在安全状态下作业，未办理手续和非持证作业人员进行动火作业。

（6）占用、堵塞本居住区任何消防通道，楼梯通道、天台出口和其他安全疏散口；在楼道、天台进行喷油漆等作业。

（7）封闭或损坏安全疏散指示、事故照明设施或消防等标志。

（8）在户内存放易燃易爆物品。

（9）在小区内以至冰箱内存放乙醇等易产生爆炸的化学品。

（10）在阳台堆放燃油、油漆其他可燃性溶剂，泡沫塑料类、纸布类等易燃易爆物品。

4. 各住户必须服从消防机关和本服务中心有关消防方面的管理、监督，不得刁难、辱骂或以暴力威胁等手段妨碍消防监督工作人员依法执行公务。纵火者，则追究刑事责任。

▲防火责任制

第一条 总则

"三级安全、消防检查"制度是防止企业案件及灾害事故发生的有效保障，同时也体现出安全保卫责任制层层落实、人人有责的精神。

第二条 "三级安全、消防检查"

1. "三级安全、消防检查"是指企业内部的安全消防制度落实由各级人员负责完成，即：第一级是企业月、季、年全面检查；第二级是部门或单位周检查；第三级是班、组日检查。

2. "三级安全、消防检查"制度的具体要求是：

（1）企业月、季、年度检查。

①保安部、工程部对各部、室单位进行月、季、年全面安全消防大检查，主要是针对各部门或重点部位落实安全、消防规章制度，以及员工的安全知识掌握等情况进行检查，发现问题及时纠正。

②保安部、工程部查出的隐患、漏洞、制度不落实等问题，应下发《安全、消防隐患通知书》，并责令限期改正。凡因检查不到位而未发现问题或发现问题只是口头提出，造成上级单位或公安、消防等机关在抽查时指出新的问题或同样问题，保安部和工程部应承担部分责任。

③保安部、工程部应对每次检查写出书面报告（包括拟采取的安全整改措施），上报公司主管领导，以便领导掌握安全工作状况。

（2）部门或单位周检查。

①各部、室、单位的经理，每周要对所辖的区域、部位、岗位进行检查。对查出的隐患要立即督促整改并做好记录。

②部门对在检查中发现的问题无力解决时，应速报公司主管领导和有关部门给予解决，一时难以解决的，部门应采取临时安全保障措施，严防发生问题。

③凡因失职或不负责任而没有检查到位或根本没有进行检查的，或在安全保卫工作中做得很好，常年未发生各类案件事故的，应根据大厦安全奖惩制度对部门给予处罚或表彰奖励。

（3）班、组日检查。

①各班、组成员应于每日上下班前对照所接岗位或下交岗位的安全消防进行交接班，发现有违反安全、消防规定的，应立即整改，并做好记录。

②对各班、组长要在每日上下班前，负责检查自己所管辖的班、组和区域内的

安全消防是否符合规定要求；检查交接班记录，各种登记册等，并教育员工遵守安全规范。

③各班、组成员要对班、组长负责；班、组长要对主管负责；主管要对部门经理负责；部门经理要对公司负责，凡未按要求进行检查或草草检查应付差事而造成事故的要予以处罚。安全工作做得好，常年未发生案件、事故，表现突出的班、组或员工，则应予以奖励。

第三条　各级检查的具体项目

1. 对历次检查发现的不安全隐患和漏洞的整改情况，特别是保安部下发的"隐患通知"提出的问题是否改正。
2. 是否切断非工作状态、非特殊电器设备的电源。
3. 吸烟地方是否放置烟蒂容器，能否两次灭烟。
4. 财务负责账目、现金的管理人员是否有安全消防意识和知识。
5. 是否在下班前清除岗位、区域的垃圾、废纸等易燃物品。
6. 专用和客用钥匙等存放是否安全，有无遗失或转借他人使用。
7. 员工的安全消防知识和可操作能力情况。
8. 消防器材的保养、保洁情况和完好可用情况。
9. 各种安全、消防有关规定和责任制是否落实。
10. 各种安全表格、登记记录是否齐全并按要求填写。
11. 员工是否遵守安全操作程序。
12. 不准吸烟的区域、岗位是否有烟蒂。
13. 是否乱设乱拉电器设备及电线，且在电源附近堆放易燃品。
14. 是否在不该动用明火的地点动用明火。

▲防火安全制度

第一章　总　　则

第一条　本制度根据《中华人民共和国消防条例》及公安消防机关颁布的有关消防法规，结合本公司具体情况制定。

第二条　本制度旨在加强本公司的防火安全工作，保护通信设备、企业财产及工作人员生命安全，保障各项工作的顺利进行。

第三条　本公司的防火安全工作，实行"预防为主，防消结合"的方针，由防火安全领导小组负责实施。

第二章 防火安全的组织与机构

第四条 公司均实行防火安全责任制，设防火责任人。本公司的防火责任人由总经理担任，分公司防火责任人按有关要求由各部门行政主要领导担任。

第五条 为确保各项防火安全措施的落实，公司成立防火安全领导小组，负责本公司的防火安全工作；各分公司设立相应的防火安全领导小组。此外，各生产班组和要害工作部位设负责抓消防工作的兼职防火安全员。

第六条 必要时，公司要建立义务消防队，以期在发生火灾而专业消防队未到达前，能起到控制火势蔓延或把火扑灭在初起阶段的作用。

第三章 防火安全职责

第七条 公司全体员工都应增强消防意识，并负有安全防火的责任和义务。

第八条 公司防火责任人和各分公司的防火责任人分别对本公司和本部门的防火安全负责。

第九条 各级防火安全责任人的职责：

1. 贯彻上级的消防工作指示，严格执行消防法规。
2. 将消防工作列入议事日程，做到与生产经营同计划、同布置、同检查、同总结、同评比。
3. 执行防火安全制度，依法纠正违章行为。
4. 协助公安机关调查火灾原因，提出处理意见。

第十条 防火安全领导小组的职责：

1. 处理本公司防火安全工作。
2. 制定公司的防火安全制度。
3. 组织防火安全检查，主持整改火险与事故隐患。
4. 组织交流经验，评比表彰先进。

第十一条 各施工生产班组和要害工作部位的兼职防火安全员在防火安全领导小组领导下，落实本工作部门的防火安全措施。

第十二条 义务消防队接受防火安全领导小组的指挥调动，认真履行消防职责。

第四章 防火安全措施

第十三条 公司的防火安全工作，要本着"预防为主，防消结合"的原则，防患于未然。

第十四条 各部门在生产和工作中，均须严格执行国家和市消防机关颁布的有关防火规定，并根据自己的实际情况，采取具体措施。

第十五条 防火安全领导小组应经常对全体员工进行防火安全教育,并组织义务消防队进行消防训练。

第十六条 完善逐级检查制度,及时发现和消除火险隐患。各施工生产班组、要害部位的兼职防火安全员,应在每日下班和交接班前,对本工作部位进行一次防火安全检查;其他各部门每星期做一次检查;各分公司的防火责任人应每月对本单位的防火安全工作做一次检查;本公司防火安全领导小组每半年进行一次检查,每季度进行一次抽查。

第十七条 各办公大楼原设计安装的消防设施,如消防龙头、水管、烟感报警器,以及其他消防器材要保证有效,此外,还应给各施工和要害部门及本部门其他工作地点配置相应的充足的消防器材。上述消防设备及器材不得借故移作他用。

第十八条 对从事电工、烧焊、易燃易爆等特殊工种的人员,要按规定进行防火安全技术考核,取得合格证后方可上岗操作。

第十九条 施工作业中需用明火的,事前应按规定由动火单位填写《临时动火作业申请表》,并按不同级别进行审批。一级动火作业指可能发生一般性火灾事故的作业,由安全技术和保卫人员提出意见,经本单位的防火责任人审批;二级动火作业指可能发生重大火灾事故的作业,由保卫室提出意见,经防火责任人审核,报总公司保卫部主管审批;三级动火作业指可能发生特大火灾事故的作业,由责任人提出意见,经总公司保卫部审核,报公安消防监督机关审批。要严格办理审批手续,待批准并发给《临时动火许可证》后方可进行动火作业,并要在动火前做到"八不",动火中做到"四严",动火后做到"一清",下班前要严格执行检查制度,确认安全后方可离开。全体员工不论在宿舍或工作区,一律不许使用电炉等电器。

第二十条 仓库的库存物资和器材,要按公安部公布的《仓库防火安全管理规则》的要求堆放和管理,对易燃易爆等有害物品,要按规定妥善管理。

第二十一条 任何人发现火险后,都要及时、准确地向保卫部门或消防机关报警(火警电话119),并积极投入扑救。单位接到火灾报警后,应及时组织力量,配合消防机关进行扑救。

第五章 奖励与惩罚

第二十二条 防火安全工作要定期检查评比,并对取得下列成绩的单位或个人,给予适当的表彰和奖励。

1. 进行消防技术革新,改善防火安全条件,促进安全生产的;
2. 坚持执行防火安全规章制度,敢于同违章行为作斗争、保障生产安全的;
3. 不怕危险,勇于排除隐患,制止火灾爆炸事故发生的;
4. 及时扑灭火灾,减少损失的;

5. 其他对消防工作有贡献的。

第二十三条 对无视防火安全工作，违反有关消防法规，经指出仍拒不执行的单位或个人，应视情节给予处分，必要时可给予经济处罚。

第二十四条 因玩忽职守造成火灾事故的，应追究直接责任者和所在部门防火责任人的责任，触犯刑法的，还应上报司法机关追究刑事责任。

第二十五条 本制度自颁布之日起执行。

▲大厦突发火警、火灾应急预案

为了增强全体员工及各租赁单位对突发火警火灾事件的反应能力，做到遇火警、火灾事件不慌不忙，有步骤、有秩序地实施各项紧急措施，以确保大厦的国家财产及使用人的安全，特制定大厦突发火警、火灾应急预案。

1. 报警程序。

物业管理部全体员工及各使用人，凡发现大厦内有火警火灾发生，一定要保持清醒的头脑，及时采取边扑救、边报告的有效措施。一般先报消防中心或就近安保人员，当消防中心接警后，立即通知领班和安保人员，赶赴现场进行扑救，然后通知总值班、安保经理及有关领导。

2. 各岗位职责。

（1）管理部主任、总值班职责。

接到报警后，立即赶到现场，指挥安保部和有关部门，共同做好抢救人员、保护和疏散物资。

维护好火场秩序，当公安消防队赶到后，要配合公安消防队并给予一切便利。

（2）安保部职责。

接到报警后，除一人留守消防中心进行监控联络外，所有人员迅速赶到现场，并带上工具。

（3）工程部职责。

工程部在接到报警后，要密切和安保部加强联络，准备随时切断电源，打开备用电源，随时准备开启消防供水，要保证足够的消防用水，并要使各风口、管道的防火阀门全部关闭，阻止火势的蔓延，并使消防电梯到底层待命，其他客梯一律禁止使用，当公安消防需要了解情况，要能及时拿出大楼图纸以供查阅。

（4）电话总机职责。

接到报警后，先与安保部消防中心取得联系，随时了解火势情况，并逐级通知各个部门、总值班、管理部主任以及其他单位的领导等，在整个火灾处理过程中要起到上传下达的作用，确保通信设备的线路畅通。

（5）管理部各员工职责。

当大厦发生重要火灾，各部门员工要保持镇静，立即报告各级领导或安保部。见机行事，力所能及地协助安保做好救人、保护和疏散物资。自觉维护大厦的秩序，保护客人迅速撤离，防止有人破坏灭火工作的正常进行。

▲火灾处理应急方案

1. 一旦发现火灾苗头，如烟、油、味、声等异常状态时，每一位员工都有责任立即向消防监控室报警，请其查明真相。

发现火情的人应保持镇静，并立即采用各种灭火措施：

（1）立即通知消防监控室。

（2）采用电话报警时讲话声音要清楚，要说明起火地点、燃烧物质的种类、是否有人被围困、火势的情况以及是否正在采取扑救措施等，然后通报自己的姓名和部门，并注意倾听监控室的补充询问，认真回答，得到允许后方可挂断报警电话。

（3）不要在火场附近区域高叫"着火了"，以免造成混乱。

2. 消防监控室报警。

（1）消防监控室接到火情报警后，应立即派人到现场核实，然后迅速通知安全部。

（2）如客人打电话询问，请告知客人："火情正在调查中，如果需要采取其他措施，我们将会用广播紧急通知您"。

（3）详细记录火灾扑救工作的全部过程。

3. 电话总机报警。

电话总机室接到消防监控室的火情通知后，如果消防监控室无特殊要求，应立即按照下列顺序通知有关人员和部门。

（1）报告总经理。

（2）通知各部室经理。

（3）火情期间，电话员必须坚守在电话机旁，沉着冷静地接通各种线路，直至接到撤离现场的指令。

▲灭火工作程序

1. 大厦总经理、主管安全工作的行政副总经理接到火情报警后：
（1）应立即赶赴火场，并与保安部经理和工程部经理一同研究灭火方案。
（2）指挥义务消防员参加灭火战斗。
（3）根据火势变化，及时制定相应对策。
（4）火势难以控制时，应及时向市消防局"119"报告火警。
（5）总经理和主管安全工作的行政副总经理根据火场情况，决定是否启用警铃和事故广播的报警方式。

2. 安全部领班接到火情报警后：
（1）应立即携带万能钥匙赶赴火场，会同工程部经理，根据实际火情协助总经理制订灭火举措。在总经理未到达火场之前，组织并指挥义务消防队员进行灭火工作。
（2）负责组织人力保护好火灾现场，配合消防部门调查火灾发生的原因。
（3）起草火灾事故报告，及时上报有关部门。

3. 警卫队领班接到火警通知后：
（1）立即布置事故现场的警戒工作，并带领警员赶赴火灾现场，参加灭火工作。
（2）带领警员，协助有关部门做好人员救护、疏散及物品的营救工作。
（3）火灾扑灭后，负责布置好火灾现场的保护工作，禁止无关人员入内。

4. 警卫人员的职责：
（1）岗上警员应保持高度的警惕性，加强警戒，对进出人员严加控制。
（2）要害部门的警卫人员必须严于职守，未接到总经理下达的全体员工撤离火场的命令不得擅自脱岗。
（3）负责疏导客人从安全出口撤离。
（4）灭火期间要注意安全，发现有人被围困时，应先营救被困人员脱离危险场所。
（5）火灾扑灭后，听从火场指挥人员的安排和布置，保护好火灾现场。

5. 工程经理接到大厦火情通知后：
（1）立即检查本部门各个控制系统岗位，启、闭消防设施达到自动灭火状态。
（2）组织本部义务消防队员立即赶赴火场，扑灭火灾。
（3）组织本部义务消防队员，负责处理火场区域的水电等技术问题。

6. 工程部其他系统工作人员职责：

（1）空调系统：接到火情通知后，立即关闭起火区域的空调机组。

（2）配电室（高压、低压）：接到火情通知后，密切注意火场附近的电力运行情况，随时准备切断火场的电力供给，当接到切断火场电源指令后，应立即按指令控制设备。

（3）电梯监控：接到火情通知后，立即将消防电梯降到首层，并亲自控制，专供灭火工作使用，同时停止火场区域的其他电梯的运行。

（4）水系统：接到火情通知后，立即做好消防用水的供应工作，并做好供水设备的抢修工作。

7. 服务部接到火情通知后：

（1）立即通知火场区域及附近区域的客人从安全通道撤离。

（2）关闭火场附近的门窗及通风设施。

（3）利用消防设施扑救、控制火灾。

（4）抢运火场区域及附近受火灾威胁区域的贵重物品到安全场所，并会同安全部警卫人员看管物品。

（5）楼层服务员应反复认真地检查火场区域及附近区域的各个房间，关闭门窗及空调，并保证每一位客人均能安全撤离火场。

8. 计财部接到火情通知后：

（1）应采取相应对策，通知所有人员整理好各种现金、账目、单据等物品，做好疏散准备工作。

（2）接到疏散指令时应整理好自己负责的贵重物品，关闭电脑，携带分管的重要资料，锁好房门，及时赶至通知的集合地点（不能带走的文件应统一锁在保险柜内，将钥匙保管好）。

9. 餐饮部接到大厦火情通知后：

（1）应立即通知本部门各岗位服务员做好各个方面的准备工作。

（2）坚守岗位，随时听候和传达火情指挥中心下达的命令。

（3）接到火场指挥中心的疏散指令时，应及时组织服务员妥善引导客人从安全出口处撤离。

（4）餐厅管理人员应立即派专人协助收银员保护好现金、单据及其他贵重物品。

（5）遇本部餐厅有火情时，应积极组织人力对火势加以控制和扑救。同时立即向消防中心报告火警。

（6）立即通知有关人员切断和熄灭煤气开关及一切火种，关闭火场内的空调和门窗及电源开关。

10. 其他要求：

遇有火情时除对各部门的专项要求外还应遵守以下规定：

（1）大厦灭火指挥中心是指在大厦遇有火情时，由总经理以及保安部经理组成的临时灭火指挥小组。火情期间，对于灭火指挥中心下达的各项指令，各部均须无条件执行，各部负责人应随时向指挥中心汇报执行情况。

（2）大厦消防监控室是火情扑救期间的另外一个指挥场所，是传达灭火指挥中心的命令和转达各方面的执行情况的枢纽部门。火情期间，该处下达的命令各部室也应该严格按要求认真执行，并将完成情况向该处汇报。

（3）火情期间，领导不在大厦内时，由秘书或主管带领本部员工统一执行灭火任务。

（4）火情期间，非着火区域的部门员工均应遵照灭火指挥中心的命令要求尽职尽责（特殊情况除外）。

（5）大厦内无论哪个区域发生火灾，该区域内工作人员均须按照报警、灭火、疏散客人、抢救物品的程序投入灭火工作。

（6）员工在接到灭火的指令后，首先应当关闭自己工作地点的窗户，锁好房间后再积极投入到灭火工作中。

（7）大厦内发生火情时，各部员工应迅速扑救火灾、疏散人员和抢救贵重物品。危急关头各部员工均应以疏散人员为重。

（8）火灾发生后，每一位员工都要牢记自己的首要职责是保护客人的生命安全。

（9）当火灾扑灭后，各部员工应将本区域内的报警和灭火系统恢复至正常状态，清点本区域的轻便灭火器材并将使用情况上报大厦安全部，及时更换、补充被使用过的灭火器材。

（10）火灾扑灭后，各部由经理负责会同有关部门统计经济损失情况以及人员伤亡的情况，并如实上报至灭火领导小组和总经理办公室。

（11）计财部门要在24小时内报告投保的保险公司。

▲大厦火警及消防措施

1. 发现火情。
（1）按压本层手动报警器按钮。
（2）使用靠近消防警铃的消火栓。
（3）通知大厦管理部门，同时拨打大厦火警电话。
（4）各办公室内的负责人在组织其员工疏散到安全地点后，应及时查点人数。

（5）切勿使用电梯。

2．防火措施。

（1）离开办公室时，请检查所有电源开关是否关闭。

（2）确信办公室内没有遗下未熄灭的烟蒂及其他火种。

（3）不得将易燃、易爆等危险品带进大厦。

（4）不得在楼内，特别是楼梯或走廊处堆放垃圾杂物，确保消防通道畅通。

（5）客户室内范围的任何电器插座或电线如有损坏，请通知前台。

（6）为了大厦的安全以及自身安全和设备的安全，请执行大厦《消防安全用电须知》。

客户不得在室内随意加接电源及使用电加热器。如果您需要安装设备或增改电气线路，不要由非专业技术人员来做此项工作，请同前台联系。

3．报警系统及安全通道。

（1）烟雾报警器。当楼层内及房间内有烟雾时，报警器均向中控室报警。

（2）手动报警器。应熟知消防用手动报警器的位置，每一区域的走廊墙面都有手动报警器一个，只需打破上面的玻璃，即可报警。

（3）消防设施。大厦内设有自动喷淋系统和消火栓、灭火器。

设施：消火栓

使用：将水龙带拉出，将手轮按顺时针方向旋转即可。

设施：灭火器

使用：拔掉插销、握好皮管、对准火源，用力压手把即可喷出。

（4）出口。客户应熟知出口位置，每层走廊的两端各有一出口。

（5）安全楼梯。楼层每个区域均有两个出口通往安全楼梯。每个门口装有防烟门，以防止烟雾渗进楼梯间。应确保防烟门关闭，但切勿上锁。

4．疏散。

倘若发生火情，请遵照公司负责人的指示疏散。

（1）互相谦让，避免惊慌。

（2）贵重物品及重要文件立即锁好。

（3）停止使用电器。

（4）关闭所有电源开关。

（5）切勿使用电梯，因为火警期间电梯随时停电。

（6）从最近的安全楼梯步行离去。请勿奔跑和四处游荡。

（7）服从本大厦管理人员或消防员的指挥。

（8）疏散时办公室内指定专人负责查点人数。

▲ 消防系统维护制度

1. 水泵每星期试运行一次，每次以不少于10分钟为宜。
2. 水泵轴承每季加油一次（无油杯的加黄油）；电动机轴承每半年加油一次。
3. 每周检查一次闸阀、止回阀，看开关是否灵敏，密封是否良好，如有毛病应及时进行维修。
4. 供电、照明、控制信号线路应随时保持良好的应急状态。
5. 每周检查消防带一次，如发现有潮湿应及时进行晾晒，如有霉坏应及时更换，以利应急使用。
6. 灭火器的药应每年定期更换或补充一次。
7. 每周检查水泵接合器、消防栓是否完好，检查消防器材是否损坏丢失。

▲ 别墅小区消防管理规定

1. 认真贯彻消防法规，开展防火宣传，经常检查各类消防器材设备的完好率和防火安全工作，及时消除火险隐患。
2. 别墅小区内所有消防设施不准擅自移动，不准用于其他作业，未经物业管理公司批准而擅自更动和使用消防设施者，给予罚款处理，情节严重者要负全部经济和法律责任。
3. 别墅小区内禁止燃放烟花爆竹，禁止装载各类易燃易爆物品和剧毒物品的车辆进入小区。别墅内不得储存上述危险物品。
4. 安全使用煤气，不得随意拆装煤气表和灶具及私接各种煤气管线，煤气泄漏及时报修。未经批准别墅内严禁动用明火作业。
5. 业主或租户进行室内装修，需增设电器线路时，必须符合安全规定，严禁乱拉、乱接临时用电线路；使用易燃或可燃材料的，必须经消防机关批准，按规定进行防火处理。
6. 别墅小区内进出的通道和道路必须保持畅通无阻，任何住户不得占用或封堵，禁止在设立禁令的道路上停放车辆。
7. 别墅小区如发生火灾，各住户应及时扑救，同时即刻使用房内报警器，向保安部或拨火警电话119报告火情，同时切断电源，关闭着火房间通向走道的门。

8. 火警发生后，除灭火人员外，其他人应迅速有序地转移至安全地带。

▲消防设施安全运行巡查记录

消防设施安全运行巡查记录

巡查时期：

巡查地点	安全运行状况	设备完好率	巡查时间	巡查记录员签名	备注

保安员：　　　　　　　　　管理处：

▲ 消防设施、设备检查表

消防设施、设备检查表

楼层									
单位名称									
报警控制箱									
烟感器									
消火栓									
防火防烟门									
疏散通道									
安全出口指示灯									
喷淋灭火系统	水流报警箱								
	楼层供水阀								
	喷头								
	警铃								
消防广播									
电视监控系统									
灭火器									
疏散路线图									
备注									

检查人： 检查时间：

注：若无问题打"√"，若有问题则记录下来，不够写，可加附页。

▲消防应急器材检查表

消防应急器材检查表

No.

单位名称：　　　　　　　　　　　　　　　　年　月　日

序号	应急器材名称	规　格	数　量	检查状态	备　注

▲中控室交接班记录表

中控室交接班记录表

编号：

交班人		接班人		交班人		接班人	
交接时间	年　月　日　时　分		交接时间	年　月　日　时　分		
运行记事				运行记事			
备注				备注			

第八章 现代物业接管验收及委托管理制度与表格

▲小区（大厦）接管验收准备制度

1. 提前派出部分工程技术人员进驻现场，与地盘的人员一起，参与楼宇竣工收尾的监理工作，主要是参与机电设备的安装调试，了解整个楼宇内所装配的设备设施，熟悉各类设备的构造、性能、产地；熟悉水、电、气管道线路的铺设位置及走向，为入住后的管理、维修养护打下基础。
2. 主动与开发商的地盘和承建单位联系，协商楼宇交接问题，如商定交接注意事项确定交接日期等。
3. 与地盘、施工单位双方制订验收方案，统一验收标准。

▲物业接管验收规定

1. 新建房屋的接管验收。
（1）主体结构的质量检验。
（2）屋面与楼地面的质量检验。
（3）装修质量检验。
（4）电气质量与使用功能的检验。
（5）水、卫、消防、采暖设备、设施的质量与使用功能。
（6）附属工程及其他配套工程和服务设施质量与使用功能的检验。
2. 原有房屋的接管验收。
（1）以CJB（危险房屋鉴定标准）和国家有关规定作检验依据。

(2) 从外观检查建筑物整体的变异状态。
(3) 检查房屋结构、装修和设备的完好与损坏程度。
(4) 检查房屋使用情况（包括建筑年代、用途变迁、拆改添建、装修和设备情况），评估房屋现有价值，建立资料档案。

▲物业验收与接管流程

1. 通过与物业开发公司工程监理部联系，组织即将作为管理处管理成员等有关人员，在物业竣工前一个月进入施工地盘，跟踪物业设施、设备的调试。

2. 组织若干人员分别参加各专项的竣工验收，记录好工程质量上的问题和需整改的项目内容，并提出有利于物业管理工作的合理化建议。

3. 根据建设部《房屋接管验收标准》（ZBP30001—90）的有关要求，着手组织接管。

（1）接收全套竣工资料及各类设备的操作维护说明书。

（2）会同地盘监理部门、施工队，进行质量验收，重点为房屋本体设施与公用配套设施。认真如实填报质量验收单，向施工单位出具验收整改通知，整改期限、规定复检日期与罚则。

（3）对楼宇以不定数目单元为单位模拟居住，测定综合居住指标，发现隐患及时整改。

（4）抄水、电、气表底数，输入电脑备索。

（5）确保保修项目、期限、标准、责任、方式的落实；重大保修项目细则与图纸校验到位。

（6）填报书面移交手续，签署物业管理正式接收文件，接管、进入。

▲新建商业楼宇的接管与验收规定

新建楼宇的接管验收重点在于楼宇的隐蔽工程的验收和设施设备的验收。验收规定如下：

1. 楼宇竣工后，由建设单位或业主书面提请物业接管单位先就产权资料、工程技术资料以及楼宇竣工验收时有关工程设计、施工和设备质量等方面的评价报告进行审核，对条件具备的，在规定的时间内签发验收通知，并约定验收时间。

2. 验收的具体内容：

（1）主体结构地基沉降不得超过国家规定的可允许变形值范围，不得引起墙体和上部结构开裂或其他结构的损坏。

（2）内外墙和楼层面外墙无论是采用贴面，还是使用玻璃面黏合，或是使用其他材料做成的墙面或墙体，不得有空鼓、裂缝和脱落。地面应平整，没有裂缝、起砂脱皮等现象。

（3）设施与设备的验收亦为重点。供电系统的设计负荷载量，设备的运转情况，安全因素，设备如空调、电梯的线路和照明线路、弱电设备线路等应分开，并有明显的标识。

（4）给排水的管道，中央空调的管道的实际走向与设计图纸是否相符。

（5）管道排水应流畅，接口不渗漏，空调管接口处无滴水。

（6）消防设施须符合国家有关标准，并有消防部门的检验合格证。

（7）空调、电梯等各种设备应运转正常等。

（8）其他工程的验收：楼宇如造有喷水池等，亦应检验其性能是否正常，有绿地的应检查绿化的程度及其施工质量。

▲旧有商业楼宇的接管验收规定

旧有商业楼宇的验收较新建楼宇的验收更为复杂，验收时侧重点有所不同，主要因素是：

（1）楼宇经过或长或短的时间使用，其完损程度不一；

（2）经过不同程度的修缮；

（3）内部都经过承租商户和业主的装修；

（4）设施、设备老化，有的尚须更新，或部分设备陈旧，跟不上商业楼宇用户的需要；

（5）工程技术资料不一定保存完整，给接管后维修工作带来很大问题等。

因此旧有楼宇验收的主要步骤及内容如下：

（1）成立专家评估小组，对楼宇的完损，设施、设备的损耗等多方面进行综合评估，作为物业管理公司在物业接管验收之前和之中的重要参考或依据；

（2）提供尽可能全的楼宇设计、建造、竣工验收、楼宇修缮等有关资料，以求对楼宇竣工时的状态和现状有全面了解；

（3）测算出将来的楼宇维修基金，设施设备更新资金，商业环境的改造资金，管理中可能的收支情况及可能的利润额；

（4）验收内容应重点包括：地基的沉降值是否在允许的范围内，主体结构是否变形；墙体及楼层面是否有裂缝，程度如何；设施和设备的完损程度，是否在使用期限内；商户的装修是否损及楼宇的结构等。

▲物业委托管理制度

1. 物业管理委托必须根据国家有关法律及省市法规的有关规定，委托方与受托方本着平等互利、积极配合的原则，经过友好协商，订立合同方式进行。
2. 物业委托管理必须将房屋位置、层数（套数）、产权性质、建筑面积、建筑结构等写清楚。
3. 委托方应于产业移交给受托方管理时分次缴纳相应的费用。
4. 各产权单位或产权人应付的管理费用，由受托方与各产权人另定。
5. 委托方与受托方在签订委托管理合同时应明确双方的责任。
6. 从委托合同签订之日起一定期限内支付一定比例的物业管理费，作为受托方准备工作费用。工程竣工验收后一定期限内，委托方应付清余款。
7. 委托管理后不能违约。

▲商品房委托管理制度

1. 委托方与受托方可以根据房屋出售单位《房屋买卖契约》的若干规定，在共同遵守的基础上，订立委托管理合同条款。
2. 委托方可以将自己拥有的房屋委托受托方实行统一专业管理。
3. 受托方接受委托方的委托，并在委托合同生效后，依法负责上述房屋的楼宇管理、设备管理、环境管理、清洁管理、绿化管理，建立房屋基础资料和产业资料。同时承担为产权人和居住者提供优质服务的责任。
4. 委托方要自觉爱护房屋，室内原始结构不得破坏，公共辅助部位和楼栋安全通道不得堆物，阳台不得任意搭建，房屋用途不得任意改变。
5. 委托方享有出租权和出售权，但出租、出售前需通知受托方，便于受托方更改基础资料和产业资料。
6. 为确保委托方居住安全，延长房屋使用年限，房屋自第一户领取钥匙之日起的两年内，因施工质量造成的房屋和设备质量问题，由受托方负责保修，所需费用由受托方自行向房屋出售单位结算（人为损坏除外）。

7. 保修期后的房屋公共设备正常维修保养和整个公共设施的维修、保养，以及全幢房屋结构性损坏，公用部位及公共设施的自然损坏的维修费用，由相关房屋产权人共同承担，费用在维修基金中列支。对于委托方室内的损坏报修，由受托方提供有偿服务，费用按实际情况向委托方结算。

8. 为确保公共部位和设施的维修、保养、更新，委托方按《房屋买卖契约》中购房价的1%支付房屋维修基金。由受托方包干负责维修、保养。本金不足时，受托方再向委托方收取。

9. 为确保管理工作的正常进行，委托方应按时缴纳管理费。

10. 凡有关政府规定缴纳的税金和地区街道收取的费用，均由委托方自理。

▲物业委托代管规定

1. 委托方投资、建设的广场委托受托方管理，产权属于各业主。
2. 委托方可以将自己拥有的建筑及相应的街坊道路、绿化、泵房等委托受托方管理。
3. 受托方愿意接受委托方的委托，并对受托的房屋负责验收，对于验收后发现的质量问题，由受托方及时通知，督促施工队伍修复，直至验收合格。委托方支付验收费。
4. 受托方应严格按照《房屋买卖契约》及有关文件所规定的各项权利条款实施管理和维修任务。
5. 受托方接受委托方委托，代办物业出售后两年的保修，遵照政府有关文件规定，经双方商定，两年保修期内维修和采用一次包定的方法按建筑面积计算维修包干费。
6. 委托方考虑到业主先后进户，在未移交业主前，由受托方负责空房看管，委托方向受托方按套（间）支付空房看管费。
7. 为保证售后服务的正常运转，明确受托方与业主的权利、义务，在业主领取钥匙时，由受托方同业主共同签订《商品房委托管理合同》，受托方应按照与业主签订的合同为业主提供优质的服务。
8. 本规定所涉及的费用，委托方应在协议生效后的15天内付给受托方，受托方出具收款凭据。
9. 委托方、受托方都应严格执行本协议的各项条款，任何一方不得无故终止履行本规定。

10. 如受托方由于管理不善造成与业主矛盾上升，委托方有权提出终止履行委托协议。

▲私房委托管理规定

1. 受托方受托管理委托方房产后负责开展相应的各项管理业务。（具体管理业务事项在委托方与受托方签订委托合同时另订。）
2. 委托方在委托管理房产期内，应履行相应的义务并享有一定的权利。（具体应履行的义务和享有的权利在委托方与受托方签订委托合同时另订。）
3. 委托管理经费的分担。（具体分担内容和方式在委托方与受托方签订委托合同时另订。）
4. 委托方在签约时，应一次付清相应款项。（具体应付款项于合同中规定。）
5. 费用结算办法。（具体在委托方与受托方签订委托合同时规定。）
6. 在委托管理期内，委托方因另行装潢或其他原因必须进行改动房屋结构、外观形态的工程项目时，应事先向受托方提交书面申请，经认可取得许可证后方可施工，并按章交纳有关费用。
7. 私房委托管理期自＿＿＿＿年＿＿＿＿月＿＿＿＿日起至＿＿＿＿年＿＿＿＿月＿＿＿＿日止，合同期满，如甲乙双方不提出异议，合同自然延长。

▲委托管理维修制度

1. 根据《出售商品住宅管理办法》与实施细则等有关规定，为做好商品住宅的管理维修工作，可将自己拥有的物业委托给受托单位修理养护，保修期为两年，保修费由委托单位一次付给受托单位。
2. 受托单位负责两年房屋保修期内的各项修理项目。
3. 受托单位接受委托单位委托，负责办理××路商品住宅的房屋维修养护工作。两年的保修时间从＿＿＿＿年＿＿＿＿月＿＿＿＿日到＿＿＿＿年＿＿＿＿月＿＿＿＿日止。
4. 经甲、乙双方协商，两年的维修养护费按建筑面积计算，每平方米修理费为＿＿＿＿元，委托单位委托受托单位两年修理养护建筑面积为×××平方米，合计修理养护费为＿＿＿＿元。协议生效后一次付清。

▲ 房屋接管验收表

管理房屋接管验收表

栋号：_____　　　接管验收时间：　　年　　月　　日

编号	存在问题简述					备注
	土建设施	照明	给排水	门窗	其他	

验收人：　　　　　　　　　　　　　移交人：

▲房屋接管验收遗留问题登记表

房屋接管验收遗留问题登记表

统计人：　　　　　　　　　　　　　　日期：

房　号	遗留问题简述	备　注

验收人：　　　　　　　　　　　　　　移交人：

▲小区公共配套设施接管验收表

公共配套设施接管验收表

设施名称	现状或存在问题	接收时间

验收人：　　　　　　　　　　　　　　移交人：

▲ 写字楼收楼验收表

写字楼收楼验收表

_____层_____单元

客户名称			合同编号		面积		
法人代表			联系人		联系电话		
项 目			办公室	茶水间	卫生间	走廊	其他
土建	天花						
	墙面及间隔						
	地面						
	玻璃幕墙						
	门及门锁						
电器	照明灯具						
	空调（出风口、回风口）						
	开关、插座						
	电话线接口						
消防系统	温感器						
	烟感器						
	喷淋头						
	…						
给排水	用水栓						
	地漏						
	茶几柜						
抄表数据			电表底数		水表底数		
物业管理员意见					签字（盖章）		
客户验收意见					签字（盖章）		
物业部经理意见					签字（盖章）		

▲ 住房验收交接表

住房验收交接表

_____栋_____号　　　　　　　　　　年　月　日

验收项目		验收时详细情况							
		客厅	餐厅	卧1	卧2	卧3	卧4	厨房	卫生间	备注
建筑工程	顶棚									
	墙面									
	地面									
	门									
	窗									
电器	电视插座									
	照明灯									
	开关									
	插座									
给排水煤气	地漏	厨房		卫生间		洗手盆		洗衣机	前阳台	后阳台
	给水管道				排水管道				
	洗脸盆				厕所水箱				
	厕所座便				煤气管道				
	煤气阀门				煤气表				
	水表底数				电表底数				

住户签字：　　　　　　　　　责任小区事务助理签字：

注：①本表由住户和责任小区事务助理在现场验收、签字交接。
　　②项目符合标准打"√"，否则打"×"。

▲ 装修验收表

装修验收表

年　月　日

装修地方		施工单位	
业主姓名		施工负责人	
施工时间		竣工时间	
装修项目			
验收意见	工程部签名： 　　　　年　月　日		
	管理员签名： 年　月　日	管理处经理签名： 年　月　日	
退装修押金		收款人签名	
退出入证押金		收款人签名	
备注：			

▲ 楼宇验收报告单

楼宇验收报告单

房号：

中央空调		
煤气、热水		
安保系统	报警器	
	可视电话	
装饰	门	
	窗	
	洁具	
	墙面	
	地板	
	厨房	
卫星	天线	
	插座	
电话插座		
车库		
清洁		
上水	堵塞	
	漏水	
	畅通	
下水	堵塞	
	漏水	
	畅通	
其他（注明门窗、玻璃及附件情况）：		
整个情况：		
业主签收：		日期：

经办人 　　　　　　　　　　　　　　日期

第九章　现代物业公共设备管理制度与表格

▲配电室操作管理制度

1. 值班电工要树立高度的责任心，熟练掌握公司供电方式、状态、线路走向及所管辖设备的原理、技术性能和操作规程，并不断提高技术水平。
2. 严格保持各开关状态和模拟盘相一致，不经领导批准，值班人员不得随意更改设备和结线的运行方式。
3. 密切监视设备运行情况，定时巡视电器设备，并准确抄录各项数据，填好各类报表，确保电力系统正常运行。
4. 值班人员对来人来电报修，要及时登记并立即赴现场修理，工作结束后，做好工时和材料的统计工作，并要求使用方签字。
5. 在气候突变的环境下，要加强对设备的特别巡逻，发生事故时，要保持冷静，按照操作规程及时排除故障，并按规则要求做好记录。
6. 值班人员违反工作规则或因失职影响营业或损坏设备，要追究当事人责任。
7. 任何闲杂人等不得进入配电室，更不得在配电室逗留；参观配电室或在配电室执行检修安装工作，须得到工程部负责人的批准，并要进行登记。

▲停电处理制度

1. 值班经理接到突然停电通知时，应立即赶赴现场，检查应急灯是否正常，查明停电原因。
2. 通知工程部维修及通知大堂副经理与有关部门联络。
3. 检查电梯是否正常运作，检查有关设备是否破损。

4. 通知保安部做好维持现场的保安工作。

▲空调操作管理制度

1. 上岗期间，全体空调工听从值班长的调度和工作指令，在领班的指导下，完成任务，对动力设备领班负责。

2. 了解设备的运行情况，根据外界天气变化及时进行调节，确保系统正常运行，并做好运行记录。

3. 坚持巡检制度，每班都要定时对外界及各空调区域的温度、相对湿度进行监测。

4. 巡查中发现异常现象及故障要及时排除，如一时处理不了，要在做好补救措施的同时上报主管。

5. 每班都要监视水温、水压、气压以及有无溢漏情况，如遇下雨或消防排水，要注意排水系统，以免水浸设备。

6. 按中央空调及其设备运行周期，定期做好计划大修、中修或小修；每年中央空调使用期过后，要进行必要的检修；接到报修任务后，要立即赴现场进行处理，必要时连夜抢修。

7. 值班人员必须掌握设备的技术状况，发现问题妥善处理，搞好中央空调系统和通风系统设备的日常保养和检修，并做好工作日记。

8. 中央空调运行人员要勤巡查、勤调节，保持中央空调温度的稳定，并做好节能工作。

▲制冷、供暖系统操作、保养和维修规定

1. 空调系统工作制度。

（1）空调工对当班空调系统运行负有全部责任。领班必须组织好空调工按照巡回检查制度，定时对外界及各空调区域的温度、相对湿度进行监视，根据外界天气变化及时进行空调工况调节，努力使空调区域的温度、相对湿度的数值都符合要求。

（2）严格执行各种设备的安全操作规程和巡回检查制度。

（3）严于职守，任何时间都不得无人值班或擅自离岗，值班时间不做与工作

无关的事。

(4) 负责空调设备的日常保养和一般故障检修。

(5) 值班人员必须掌握设备运行的技术状况,发现问题立即上报,并及时处理,且在工作日记上做好详细记录。

(6) 值班人员违反制度或失职造成设备损坏,将追究其责任。

(7) 认真学习专业知识,熟悉设备结构、性能及系统情况,做到故障判断准确,处理迅速及时。

2. 空调冷水机组操作规程。

(1) 准备工作。

①检查冷水机组的蒸发器进、出水阀是不是全部开启。

②检查冷水泵、冷却泵进出水阀是不是全部开启。

③检查分水管上的阀,根据楼层的空调需要,决定是不是开启。

④检查回水总管两端的阀有没有开启。

⑤检查系统里的水压,以在规定范围内为准。

⑥检查加热器,油温必须大于50℃,并检查油位是不是已经到液位,电源电压、阀门位置是否正常。

⑦启动手动油泵,运行时间不得少于一分钟,并密切注意蒸发器压力和油泵压力。

(2) 机组启动。

①观看控制屏,要显示"机组准备启动"字样。

②启用冷却塔、冷冻水泵,并要保持进出冷冻机的冷却水压差,进出冷冻机的冷冻压差。

③如果没有问题,按键启动机组(注意电流变化状态),此时控制中心即置机组于运行状态,注意显示器上的显示信息,观看机组有没有故障显示。

(3) 机组运行。

①检查油泵指示灯有没有亮着。

②检查油泵显示情况。

③注意机组运转电流是不是正常,风叶是否打开,把风叶开到自动控制挡。

④做好机组运行记录(每小时将冷水机组状态记录下来)。

(4) 关机程序。

①先停冷冻机组。

②再停冷冻水泵、冷却水泵。

③切断总电源。

3. 锅炉系统工作制度。

(1) 负责锅炉系统的安全运行操作及运行记录,根据各系统的设计和运行要求,对有关设备进行相应的调节。

（2）负责锅炉及其所属设备的维修保养和故障检修。

（3）严格执行各种设备的安全操作规程和巡回检查制度。

（4）严于职守，任何时间都不得无人值班或私自离岗，值班时间内不做与本岗位无关的事。

（5）每班至少冲洗水位计及排污一次，并认真做好水质处理和水质分析工作。

（6）勤检查，勤调节，保持锅炉燃烧情况的稳定，做好节能工作。

（7）认真学习技术，精益求精，不断提高运行管理水平。

4．锅炉操作规程。

（1）启动前检查。

①检查所有的设备是不是完好，如油泵、软管泵、给水泵、离子交换器、阀门等。

②电源电压是否正常。

③汽水系统、供油系统所有阀门是不是处于应处工作位置。

④锅炉本体仪表是否正常，水位计水位是否正常（水位计水位应在 1/3～1/2 处）。

⑤泄漏门手动是不是完好。

⑥日用油箱是不是有油。

⑦除氧器水位、压力及温度，软水箱水位。

⑧查看交接班记录。

（2）启动及运行。

①锅炉及其设备送电。

②打开烟道风门，并确认完全打开。

③吹扫 3～5 分钟后点火，点火时负荷调节开关处于一级火位置。

④当压力升至 0.2MPa 时，应首先向除氧器供气加热，并同时冲洗水位表。当压力升至所需的压力后，方可向负载供汽。

⑤供汽时首先排放分汽包凝结水，再缓缓打开主蒸汽阀，当分汽包压力与钢压平衡后才可缓缓打开供汽阀。

⑥并炉时，并炉炉压应小于运行炉压 0.03～0.05MPa。

⑦点火时应密切注意点火状态，如经两次点火仍点不起，应重新经吹扫后方可进行第三次点火，再点不起应停止进行点火，检查原因并排除故障。

⑧运行时应密切注意炉膛火焰，水位计水位，锅炉压力表，除氧器压力、温度、水位，软水箱水位，日用油箱油位及其他运行设备的工作情况。

⑨在油泵工作期间应密切注意日用油箱间，以防溢油管溢油。

⑩运行时不允许对带有压力高温的设备进行维修，必须维修时应事先做好安全措施，并有旁人监护。

（3）停炉。

①关闭供汽阀、主蒸汽阀。
②负荷调节开关调至一级火位置。
③关闭燃烧控制开关，处于停止位置上。
④水位表水位应处于1/2位置。
⑤长时间停炉（5小时以上）应关闭供水阀、进油阀、回油阀、回油网，但禁止关闭快门阀。
⑥切断锅炉电源。
⑦锅炉全部停止运行后，应切断油泵电源、软水泵电源、锅炉电源。
⑧锅炉全部停止运行后，禁止向除水器进水。
（4）维修保养。
①每日清扫、擦洗所有设备及工作场所，否则接班人员有权拒绝接班。
②每班冲洗水位计一次。
③每班定期排水一次。
④每日定期手动操作安全阀一次。
⑤每班做炉水、软水及离子交换器化验一次，离子交换器水硬度≥0.02时就2~3小时化验一次，当水硬度>0.025时应再生。
⑥凝结水排放管应每天日班排放一次并检查水质清洁度，化验水指标。
⑦每周检查给水滤网、油过滤器、滤网一次。
⑧对所有跑、冒、漏的阀及时修复。
⑨对所有泵阀（软水、污水）、软水箱等附属设备进行年大修及清洗。
（5）注意事项。
①由于供油系统不完善，因此运行人员应时时注意日用油箱的液位控制器工作状况及送排风机工作状况。
②禁止无关人员进入锅炉房。
③严禁在工作场所动用明火和吸烟。
④排水沟内如有柴油流入，应用水冲洗干净，并用排污泵排净。
⑤工作现场保持整洁，不得有油渍等。
⑥一旦发生火情，应立即通知保安，并采取相应的消防措施。

▲ 电器设备的养护管理规定

安全用电是电气设备养护管理的重要环节之一，电器设备除变配电设备外，还有照明、电梯、中央空调、消防系统等部分。

1. 用电量的分配、线路的线径大小、空气断路器的选择、嵌入式熔断器保险丝的安放等，必须经过严密的计算。这些方面会影响到使用过程中电器故障的形成和系统的损坏。

2. 电器维修属特种作业，照明、空调、电梯等的维修人员，都必须持有专业上岗证书。

3. 维修人员巡视检查范围较广，包括变配电房、泵房、配电箱、监控室、电梯机房、卫视机房、每户进户电箱等。巡检的内容很多，如：变配电房、电梯及卫视机房的温度，各种电机运行的声响，仪表显示的表值，监控图像质量，电梯升降是否正常，安全出口灯的好坏，公共地方照明灯的完好，等等。具体要求如下：

（1）所有巡检都应有翔实的记录。
（2）公共地方的照明灯应定期更换。
（3）公共地方的电源插座、接线盒箱等应无脱落和缺盖。
（4）电梯应坚持旬保、月保、季保、年保制度。
（5）消防及喷淋电机须三个月进行一次试运行。烟雾器也应半年进行一次人为试验，保证报警系统完好。

4. 经常检查各用户进户电表箱、配电箱，了解用户用电是否符合规范，有无超负荷。检查方法是各户进线是否发烫，接线排螺丝是否松动，线头是否焦黄。发现问题须及时解决。

5. 避雷装置的检查要观察避雷针与引线连接是否可靠，有无损伤及锈蚀。每两年要用兆欧表对避雷器接地电阻进行检测，其接地电阻一般应为 5 兆欧姆。

▲设备安全检查制度

1. 配合楼层对客房电器设备进行全面检查，包括床头箱及接线盒、门铃、灯具、衣柜灯及其开关、房间插座、插头等。

2. 每半年检查吊花灯和组合等花灯、灯具和水晶玻璃物品等是否牢固可靠。

3. 餐厅厨房和职工厨房电器设备，除分工包干责任制中规定由责任人每月进行维护保养外，每年由维修班安排两次安全检查，包括开关、插座、设备的接线是否坚固，接零保护线是否可靠，线路是否完整。

▲给、排水系统的养护管理规定

给、排水系统是指房屋的冷、热水管道、阀门、水箱（蓄水池）、生活及消防水泵、污水排放管道设施等。

1. 加强巡视检查，检查范围包括室内外外露管道、阀门、屋顶水箱、水箱浮球阀、泵房等。

（1）物业管理公司水工工作职责之一就是巡视检查，一般每天不少于一次。一旦发现问题，及时维修解决。

（2）水箱清洗消毒。水箱会由于异物进入、水泵锈蚀等造成水质污染，一般可采用两种方法加以防止：

①水箱定期清洗消毒。水箱清洗一般每半年进行一次，每一年消毒一次。水箱清洗消毒作业，要特别注意操作人员有健康证明书。每次清洗后，水质要取样送卫生防疫站做鉴定，并保存水质鉴定书。

②泵房也是水质两次污染的主要关节点。一般泵房生活水泵均有两台以上，水泵应该定期轮换使用，轮换周期不超过半个月。

2. 若遇水箱清洁或管道阀门维修停水时，应事先给业主发出停水通知，说明停水原因、停水时间，让业主能早作准备。

3. 定期对泵房内水泵、管道、电机等进行维修保养。

4. 要定期清洁天沟，使之疏通。

5. 室外管道、水表、阀门、消防栓等需定期刷油漆，减少锈蚀。在冬天来临之前，为防止管道冻裂，还须做好保温防冻工作。

6. 定期检查消防栓、消防泵、喷淋泵、水龙带、消防接口、水枪、灭火器等设备。消防泵、喷淋泵每两年试运行一次。水龙带、消防接口、按钮应定期试验检查，防止老化、霉变、失效并应及时更换。

▲设备操作、保养和维修规定

1. 水泵房管理规定。

水泵房是提供业主或使用人生活用水、消防用水的关键部位。为管理好水泵房，需要制定管理规定。

（1）由机电人员负责监控、定期保养、维修、清洁，水泵房及地下水池、消防系统的全部机电设备定时进行巡回检查，了解设备的运转情况，及时发现故障和消防隐患，并做好记录，解决不了的问题书面报告上级主管部门，争取早日解决。

（2）由机电人员管理水泵房内机电设备，无关人员不得进入水泵房。

（3）消防泵、生活泵、恒压泵、污水泵的选择开关位置与自动位置，操作标志都应简单明确。

（4）保证生活供水泵的正常运转，定期检查泵的运转情况，定期检查擦洗主接处。

（5）消防泵每月运转一次（10分钟），以保持正常运转，每半年进行一次"自动、手动"操作检查，每年进行一次全面检查。

（6）每周打扫一次水泵房卫生，泵及管道每半月清洁一次。

（7）操作人员在2米以上检修设备（包括开关、阀门等），必须带好安全帽，扶梯要有防滑措施，要有人扶挡。

2. 水箱清洗操作规程。

根据环保和卫生防疫部门的要求，为确保水箱水质，每年5月、10月应分别对水箱清洗一次，操作要求如下：

（1）准备工作。

①操作人员必须持有卫生防疫部门核发的体检合格证。

②通知监控室开始清洗水箱，以免发生误报警。

③关闭双联水箱进水阀门，安排临时排风设施、临时水源、橡皮管，打开水箱进口盖。

（2）清洗操作。

①当双联水箱内水位降低到一半或三分之一时，将待洗水箱出水阀关闭，打开底部排污阀，打开另一联进水阀以确保正常供水。不允许一只水箱排空清洗，另一只满水水箱工作，这样会因负荷不均，造成水箱壁受压变形产生裂纹。

②清洗人员从进口处沿梯子下至水箱底部，用百洁布将水箱四壁和底部擦洗干净，用清水反复冲洗干净。

③水箱顶上要有一名监护人员，负责向水箱内送新风，防止清扫人员余氯中毒，并控制另一联水箱的水位。

（3）结束工作。

①清洗结束，关闭清洗水箱的排污阀，打开水箱进水阀开始蓄水。

②当两个水箱水位接近时，打开清洗水箱的出水阀门，收好清洗工具，将水箱进口盖盖上并落锁。

③通知监控室清洗结束，做好相关记录。

▲ 维修电工操作规程

1. 电工工作时，必须按照供电局高低压规定，进行安装和操作。
2. 在地下室、厨房等潮湿场地工作，或在上、下夹层工作时，都要先切断电源；不能停电时，至少应有两人在场一起工作。
3. 停电维修时，应先通知有关部门及时悬挂标示牌，以免发生危险。
4. 上梯工作时，应放稳靠妥；高空作业时，应系好安全带。
5. 清扫配电箱时，所使用漆刷的金属部分必须用胶布包裹好。
6. 到柴油机房和锅炉房工作时，应停电，并与该处的工作人员一起，切实做好安全措施。
7. 打墙孔时，必须戴防护眼镜。
8. 拆线路时，应包扎好线头。
9. 开闭开关时，尽量把配电箱门锁好，利用箱外手柄操作，手柄在箱内时，人体不应正对开关。
10. 大厦采用接零保护，任何机器设备都必须有良好的接零保护，绝对不得疏忽，以确保安全。

▲ 供电系统的养护管理规定

1. 变配电室首先要符合"四防一通风"要求。凡变配电室内有两台以上变压器的，须配备专人值班管理，且值班人员应持有劳动局颁发的高压安全操作证。只有一台变压器的变配电房，则须有专人巡视。
2. 检查变配电房各种仪表是否正常，变压器温度是否在规定范围内，刀闸、线头有无异常，闻是否有焦味。发现问题要及时查明原因，立即予以解决。
3. 定期打扫变配电房，始终保持其室内洁净。因为大量尘埃积聚会导致高压放电、造成短路。
4. 变配电房应每年进行一次预防性电气试验，试验报告（包括变压器油绝缘试验报告）均应妥善保管存档。
5. 变配电房停送电应严格遵照"低规"规定按倒闸操作顺序进行，停送电均需两人操作，即"一人操作，一人唱票监护"。停电前须事先发出通知，对高层住宅，通知中要提醒用户把水龙头关好，以免送电后，水箱来水了，造成家里漫水。

6. 变配电房如无备用电线路及设施的，还须配备柴油发电机。发电机也须有专人管理，并定期对发电机进行试运行检查。

▲程控交换机房的管理制度

1. 用户程控交换机机房的工作制度。
（1）机房内应 24 小时有人值班，值班人员应认真做好当班记录，并做好交接班工作。
（2）严格遵守岗位职责和有关的各项规章制度。
（3）严禁与机房无关的人员进入机房，非本专业人员严禁操作、使用机房内的有关设备。
（4）严格遵循程控交换机房的各项操作规程，按时完成周期检测，做好日常维护工作，确保程控交换机的正常运行。
（5）未经同意，不得随意修改各类管理数据。
（6）注意安全，避免发生人为故障。不得随意拆卸机器、设备零件，如遇较大故障，应及时逐级汇报。

2. 用户程控交换机机房的环境卫生制度。
（1）机房环境应保持在最佳条件下，即温度在 20℃ ~25℃，绝对湿度在 6 ~ 18gH_2O/m³，相对湿度在对 20% ~70% 范围之内。
（2）严格控制机房内的权限条件，即温度在 10℃ ~40℃，绝对湿度在 2 ~ 25gH_2O/m³，相对湿度在 20% ~80% 范围之内。
（3）机房内的独立分体空调机的送风量与其制冷量之比应该是 1： 2 或 1：3，必须安装粗效或中效的过滤器。
（4）机房的防尘要求为每年积尘应限制在 <10g/m³ 范围之内。
（5）进入机房要在过滤门廊内换鞋，以保证地面的整洁。
（6）防静电地板要每天吸尘，绝对不能用扫帚清扫。

▲设备事故处理制度

1. 设备一旦发生事故，影响到客人的正常生活和活动时，必须马上启用备用应急设备，采取应急措施挽回损失和影响，并保护现场，及时上报。

2. 有关领导及有关人员要立即赴现场检查、分析、记录，及时做出处理。

3. 事故发生后，有关人员要将设备事故报告单送交有关领导批示后，由工程部和有关部门领导解决。

4. 对于事故责任者，公司要查明原因，根据规定，视情节轻重给予必要的经济处罚和行政处分；如果已触犯法律，则按国家法律程序处理。

5. 事故的事后处理要做到四不放过：
（1）事故原因不查清不放过；
（2）缺乏切实有效的防范措施不放过；
（3）缺乏常备不懈的应急弥补措施不放过；
（4）事故责任人和员工未受到教育不放过。

▲新增设备管理制度

1. 公司各部门需增置的设备经批准购买后，报工程部设备管理部门备案。

2. 经工程部进行可行性方面的技术咨询后，才可确定装修项目或增置电器及机械设备。

3. 各部门应设一名兼职设备管理员，协助工程部人员对设备进行管理，指导本部门设备使用者正确操作。

4. 设备项目确定或设备购进后，工程部负责组织施工安装，并负责施工安装的质量。

5. 施工安装由工程部及使用部门负责人验收合格后填写"设备验收登记单"方可使用。

▲电气机械设备操作制度

1. 电气机械设备使用前，设备管理人员要与人事部配合，组织使用人员接受操作培训，工程部负责安排技术人员传授专业知识。

2. 使用人员要学会操作、掌握日常保养知识和安全操作知识，熟悉设备性能后，经工程部签发设备操作证上岗操作。

3. 使用人员要严格按操作规程工作，认真遵守交接班制度，准确填写规定的各项运行记录。

　　4. 工程部要指派人员与各部门负责人，经常检查设备情况，并列入员工工作考核内容。

　　5. 使用各种电气机械设备一定要注意安全第一。

▲改装、移装设备操作制度

　　1. 设备的跨部门移装、改装前要报工程部审批。
　　2. 工程部进行技术可行性咨询，派员改装、移装。
　　3. 将设备改装、移装的情况记入档案。
　　4. 公司各部门未经呈报工程部经理、主管审批同意，任何人不得改、移装设备。

▲转让和报废设备管理制度

　　1. 设备年久陈旧不适应工作需要或无再使用价值，使用部门申请报损、报废之前，工程部要进行技术鉴定和咨询。
　　2. 工程部指派专人对设备损坏情况、影响工作情况、使用年限、残值情况、更换新设备的价值及货源情况等进行鉴定与评估，填意见书交使用部门。
　　3. 使用部门将"报废、报损申请单"附工程部意见书一并上报，按程序审批。
　　4. 申请批准后，交付采购部办理，新设备到位后，旧设备方可转让或报废。
　　5. 报废报损旧设备由工程部负责按规定处理。

▲维修工交接班制度

　　1. 值班人员应按统一安排的班次值班，不得迟到、早退、无故缺勤，不能私自调班、顶班。因故不能值班者，必须提前征得领班同意，按规定办理请假手续，才能请假。
　　2. 交接班双方人员必须做好交接班的准备工作，准时进行交班。交接班的准备工作包括：查看运行记录；介绍运行状况和方式，以及设备检修、变更情况；清点仪表、工具；检查设备状况，等等。交班时，双方领班在值班日志上签字。

3. 在下列情况下不得交接班：
(1) 在事故未处理完或重大设备启动或停机时；
(2) 交接班准备工作未完成时；
(3) 接班人数未能达到规定人数的最低限度时；
(4) 领班或由主管指定替代领班的人未到时；
(5) 接班人员有酒醉现象或其他神志不清情况而未找到顶班人时。

▲ 维修报告制度

1. 下列情况报告领班：
(1) 主要设备非正常操作的开停、调整及其他异常情况；
(2) 设备出现故障或停机检修；
(3) 零部件更换及修理；
(4) 维修人员的工作去向，客户维修材料的领用；
(5) 运行人员暂时离岗；
(6) 对外班组及上级联系。

2. 下列情况必须报告技术主管（工程师）：
(1) 重点设备非正常操作的启停、调整及其他异常情况；
(2) 采用新的运行方式；
(3) 重点设备发生故障或停机抢修，系统故障及检修；
(4) 重要零部件更换、修理加工及改造；
(5) 工具、备件、公共维修材料领用；
(6) 员工加班、调班、补休、请假。

3. 下列情况必须报告部门经理：
(1) 重点设备发生故障或停机修理；
(2) 影响大厦运行的设备故障或施工；
(3) 系统运行方式的重大改变；
(4) 重点设备主要零部件更换、修理外委加工；
(5) 系统及主要设备的技术改造；
(6) 系统或设备的增改工程及外委施工；
(7) 技术骨干、领班以上人员岗位调整及班组组织结构调整；

（8）员工一天以上的请假，领班以上员工的补休、换班。

▲设备日常巡检制度

1. 当值人员与各系统技术人员根据系统的运转情况制定巡检内容、要求及巡检路线，并落实到具体人员。
2. 巡检人员严格按时间和巡检内容进行巡检，发现问题及时解决或上报处理。
3. 保证各系统的正常运行和重点设备正常运转。
4. 月终将填写的巡检记录表整理汇集报工程部经理，由档案管理人员收存，以备查证。

▲设备日常维修制度

1. 公司使用部门的设备发生故障，须填写"维修通知单"经部门主管签字交工程部。
2. 工程部主管或当值人员接到维修通知，应随即在"日常维修工作记录簿"上登记接单时间，根据事故的轻重缓急及时安排有关人员处理，并在记录簿中登记派工时间。
3. 维修工作完毕，主修人应在"维修通知单"中填写有关内容，经使用部门主管人员验收签字，并将通知单交回工程部。
4. 工程部在记录簿中登记维修完工时间，并及时将维修内容登记在维修卡片上，审核维修中记载的用料数量，计算出用料金额填入维修通知单内。
5. 将处理好的维修通知单依次贴在登记簿的扉页上。
6. 紧急的设备维修由使用部门的主管用电话通知工程部，由当值人员先派人员维修，同时使用部门补交"维修通知单"，当值人员补填各项记录，其他程序均同。
7. 工程部在接单后两日内不能修复的，由当值主管负责在登记簿上注明原因，若影响营业，应采取特别措施尽快修理。

▲ 工具领用保管制度

1. 工具分个人领用工具及班组领用公共工具两种。
2. 个人领用工具品种根据工种配备表配备，由员工申请，主管批准后到仓库办理领用手续，领用后个人负责使用、保管。
3. 班组领用公共工具品种根据工种配备表配备，由各领班申请，部门经理批准后到仓库领用，领用后由领班保管，班组交接班时，按交班制度交接公用工具。
4. 各种工具由仓库列表登记。班组公用工具配备表一式两份，一份仓库存底，一份班组自存。
5. 工具发生丢失、毁损，由保管者写明原因，向部门经理报告。不属人为不可抗拒的丢失、毁损，由责任人按当时工具价值赔偿。
6. 工具因使用时间过长而发生磨损或损坏，经部门经理批准可以办理报废，保管人重新办理领用手续。

▲ 电梯维修制度

1. 巡检制：工作人员在接班后按规定时间和路线对电梯进行一次检查，内容包括机房、外呼、楼层指示灯、电梯乘搭舒适感、厅门、轿厢门、轿厢照明、轿厢装修、风扇以及巡视记录表中的所有项目。
2. 包干责任制：为了更有效地对电梯进行日常的维护保养，实行电梯的维护保养包干责任制，即将人员分成若干组，每组负责若干部电梯的日常维护保养，内容包括该电梯所属设施：整流器、控制屏、主机、轿厢及轿厢顶、导轨、厅门及门轨、井道及井道设施、井底等。
3. 季度和年度安全检查制：除了日常对电梯进行巡检和实行包干责任制以外，还应进行季度和年度安全检查，按升降机试验记录逐项进行检查和试验，并做好试验的详细记录。

▲办理设备维修手续管理制度

1. 需要维修的设备，使用部门要填写报修单。
2. 报修单一式三联，报修部门、工程部、维修班组各一份。
3. 维修班组接到维修单后，根据报修内容和重要程度，填写开工日期和估计工时，并分派维修工人检修。
4. 班组在收到维修工人送回的报修单后，要核实耗用的材料和实用工时，并将报修单汇总后交工程部。
5. 工程部在接到各班组交回的第三联报修单后，应和第二联核销，存入员工完工档案，作为每月评奖的依据。
6. 维修工人在维修完工后，需经报修部门签字认可。
7. 核销报修单时，如发现缺漏时，应追查原因。
8. 一时完不成的项目，应通知使用部门预计完成的具体时间。

▲锅炉操作管理制度

1. 司炉长和全体司炉工都要对动力设备领班负责，在领班的指导下，完成任务。
2. 严格执行"蒸汽锅炉安全监察规程"的有关规定和"锅炉房安全管理规则"的各项要求，确保锅炉安全运行。
3. 每班都要坚持巡回检查制度，了解设备的运行情况，在准时抄表填写运行记录的同时，监视水位、气压、油压、火焰、排烟温度、蒸汽管道等，根据各系统的设计和运行要求，对有关设备进行调节，并详细做好记录。
4. 按锅炉及其所属设备运行周期，做好年计划大、中、小修；每年锅炉年检后，要立即前往处理，必要时组织人力连夜抢修，不得延误。
5. 每班至少冲洗水位计及排污一次，并严格控制除氧器水温，发现水温不符合要求时要立即采取措施，检查维修。
6. 司炉人员要勤检查、勤调节，保持锅炉燃烧情况的稳定、煤渣含炭量不超过规定标准，并做好节能工作。
7. 巡查中发现不正常现象及故障先兆、隐患，要及时处理，如当时处理不了的，要在做好补救措施后，向主管汇报并做好记录。

▲公共设施保养计划表

公共设施保养计划表

单位				保养日期	年　月　日
设施设备名称	保养项目	保养费用	前次保养日期	保养责任人	备注

▲电梯保养项目及记录

电梯半年保养项目及记录

项目	序号	保养项目	清理	检查	调整	记录	不良部分情况记录及处理结果	备注
机房								
机身及井道								

说明：此表为参考表，也可以使用电梯分包单位的表格

保养人：　　　　　　　　　　　　　　　验证：

▲消防设施月保养记录

消防设施月保养记录

大厦名称：

设备名称	保养内容	保养情况及处理
火灾报警控制系统		
防火卷帘门系统		
广播		
风机		

备注：

保养人：　　　　　日期：　　　　　检查人：

▲ 对讲报警系统半年保养记录表

对讲报警系统半年保养记录表

小区（大厦）名称：　　　　　　　　　　　年　月　日

系统位置	
系统主要设备	
保养内容	
对讲及报警功能不符合要求的单元登记（含详情）	
不合要求设备的处理措施	

保养人：　　　　　　　　审核人：

▲防盗监视系统月保养记录

防盗监视系统月保养记录

小区(大厦)名称:　　　　　　　　　　　　年　月　日

保养项目	保养情况及处理结果

保养人:　　　　　　　　　审核人:

▲公共设施维修、保养记录

公共设施维修、保养记录

单位:　　　　　　　　　　　　　　年　月　日

项目		地点		保养周期	
费用		保养量		完成日期	
保养内容	维修、保养人:　　年　月　日					
保养结果	班组长或房管员:　　年　月　日					
备注						

第九章 现代物业公共设备管理制度与表格

▲公用设施一览表

公用设施一览表

设备名称	型号/规格	单位	数量	所在位置	备 注

第十章 现代物业车辆管理制度与表格

▲车辆管理制度

第一章 车辆管理

第一条 公司公务车证照的保管，车辆年审及车辆保险、养路费的购买交纳等事务，统一由总经理办公室负责管理。公司车辆由总经理办公室主任指派专人驾驶、保养，并负责维修、检验、清洁等。

第二条 本公司人员因公用车须事前向总经理办公室主任申请调派；总经理办公室依重要性顺序派车。不按规定申请，不得派车。

第三条 车辆驾驶人必须有驾照。

第四条 未经总经理批准，公司车辆不得借予本公司之外的人员使用。

第二章 车辆保养

第五条 费用报销：公务车油料由总经理办公室统一购买油票，外出购油及维修须经总经理办公室主任批准后，凭发票实报实销。

第六条 车辆维修、清洗、打蜡等应先填写"车辆维修申请单"，注明行驶里程，核准后方可送修。

第七条 车辆应由总经理办公室主任指定特约修理厂维修，否则维护费一律不准报销。可自行修复的，报销购买材料零件费用。

第八条 车辆于行驶途中发生故障或其他耗损急需修复、更换零件时，可视实际需要进行修理，但无迫切需要或修理费超过2000元时，应征得总经理办公室主任的批准。

第九条 如因驾驶员使用不当或车管专人疏于保养，致使车辆损坏或机件故障，其所需的修护费，应依情节轻重，由公司与驾驶人或车管责任人负担。

第三章 违规与事故处理

第十条 在无照驾驶、未经许可将车借于他人使用而违反交通规则或发生事故的，由驾驶人负担损失，并予以记过或免职处分。

第十一条 违反交通规则，其罚款由驾驶人负担。

第十二条 各种车辆如在公务途中遇不可抗拒之车祸时，应先急救伤患人员，向附近警察机关报案，并立即报告总经理办公室主任及主管，如属小事故，可自行处理后向总经理办公室主任报告。

第十三条 因意外事故造成车辆损坏，其损失在扣除保险金后，再视实际情况处理。

第十四条 发生交通事故后，如需向受害当事人赔偿损失，经除保险金额后，其差额视责任具体处理。

第十五条 发生责任事故造成经济损失时，按事故的性质给予扣减工资之处罚。

1. 一般事故（经济损失在2000元以下者）：按经济损失的10%处罚；
2. 重大事故（经济损失在2000～5000元者）：按经济损失的8%处罚；
3. 特大事故（经济损失在5000元以上者）：按经济损失的6%处罚；
4. 机件责任事故：按经济损失金额的20%处罚。

第四章 驾驶员岗位责任制

第十六条 在办公室主任的领导下，认真做好对公司领导和各公务部门的驾驶服务。

第十七条 凭用车申请单出车，未经领导批准不得用公车办私事。

第十八条 工作积极主动，服从分配，同事之间搞好团结互助，有事提前请假，不得无故缺勤。

第十九条 行车前要坚持勤检查，做到机油、汽油、刹车油、冷却水备齐；轮胎气压、制动转向、喇叭、灯光完好；确保车辆处于安全、可靠的良好状态。

第二十条 公司职工不得用公车学习汽车驾驶，否则，一切后果及损失由车辆保管者负责。

第二十一条　驾驶人应严守交通规则，交通违章按第三章第十一条处理。

第二十二条　对用车者服务：

1. 不论用车者是否是本公司职工，司机都应热情接待，小心驾驶，遵守交通规则，确保交通安全。

2. 对于公司外来客人，更应热情服务，以维护公司的良好形象。

3. 司机应在乘车人（特别是公司客人和干部）上下车时，主动打招呼，开关车门。

4. 当乘车人上车后，司机应向其确认目的地。

5. 乘车人下车办事时，司机一般不得离车。

6. 乘车人带大件物品时，司机应予以帮助。

第二十三条　离车注意：

1. 司机因故需离开车辆时，必须锁好车门。

2. 司机原则上应在车内用餐。

3. 车中放有贵重物品或文件资料，司机又必须离开时，应将其放于后行李箱并加锁。

第二十四条　出发前后工作：

1. 在出发前，司机应根据目的地选择最佳的行车路线。

2. 收车后，司机应填写行车记录，包括：目的地、乘车人、行车人、行车时间、行车距离等（附：车辆行驶记录表）。

3. 随车运送物品时，收车后需向管理责任者报告。

第二十五条　个人形象：

1. 司机需保持良好的个人形象，保持服装的整洁卫生。

2. 注意头发、手足的清洁。

3. 注意个人言行。

4. 在驾驶过程中，努力保持端正的姿势。

第二十六条　本制度从××××年×月×日起实施。

▲公务车管理规定

第一条　适用范围：

本规定适用于公司所有车辆从申请使用到开车前后应办的所有手续，如检查、保养、修理，直至使用中违反交通法规及事故损害处理等事务。

第二条　申请用车程序及资格。

1. 外勤出差或其他公务，须用车时，由所在部门负责人填写外勤申请单交到总务处，由总务处按其所需注明使用何种车辆及驾驶人等，由该部门负责人签章后，呈副经理以上主管签查核准方可用车。

2. 驾驶人必须有驾驶一年以上经历或领执照后每天开车至本公司上下班时间达三个月以上，并经记录取得总务处认定资格，方可使用。

3. 使用前检查：驾驶人出发前，先检查车况，如车证、水箱、刹车系统、轮胎、油等，核对登记簿记载的公里数，如发现不符及损坏等情形，应向总务处报备，并在登记簿上注明，否则驾驶人负全责。使用后回公司时，必须把登记簿交回总务处保管人员，以便检查车况，如发现登记不符及损坏情形，应向副经理以上主管报告。

第三条　车辆损坏修理、遗失与赔偿。

1. 如是因执行公务时发生，应由使用（驾驶）人填写资产报损（废）单，经部门主管证明并上呈核定。经济损失的50%由使用（驾驶）人负担，但可以分三年逐月从工资中扣还；公司负担部分列为"料理费"或"其他损失"科目。车辆失窃寻回后，也按50%的比率负担实际支出费用。

2. 如是私用时发生，应由使用（驾驶）人完全负担修理费用，或购置同一年份同一规格牌号的车辆赔偿；如失窃寻回，其费用全部由使用（驾驶）人负担。

第四条　车辆保养与检查。

1. 每行驶5000公里由总务处送公司指定保养厂定期保养一次。

2. 每星期由车辆保管人员负责清洗一次。

3. 车辆长期闲置时，每周由车辆保管人发动一次、温车5分钟。

第五条　保持车内清洁。

1. 物料应放于行李箱，不得放在椅座上。

2. 运输精密仪器设备须放在椅座上时，应事先垫好衬物。

第六条　违规处理。

因超速、超车、任意停车等各种违反交通规则而受处罚的，罚款由驾驶人负责。如果指定驾驶人把车随便交由他人驾驶，发生违规、车损等而致使罚款或损失的，则由指定驾驶人负责全额赔偿。

第七条　驾驶人注意事项。

1. 凡无照驾驶者，一经查明属实，立即开除。

2. 无照驾驶发生车祸全部赔偿由驾驶者负责。

3. 有照驾驶如是操作不当发生车祸，由驾驶人自负全责。

第八条 使用后交车应办手续。

1. 填写行车登记簿、填里程表，然后交车。

2. 将车暂停放在办公大楼前，请总务处检查，如有损坏应在登记簿上注明，由副经理以上主管查核。

3. 总务处检查完毕后，在登记簿及派车单上签字，驾驶人将车开回车库，会计凭总务处检查后签字的派车单核发有关费用。

第九条 公务车辆由总务处统一管理、调度及保养维护。

第十条 公务车除上下班接送员工外，亦可供各部门执行公务使用。

第十一条 货车主要用于运送货品。

第十二条 各部门使用公务车，须提前一天填写派车单以便总务处统一调度。但临时紧急任务可除外。

第十三条 油费控制：按实际里程数，每8公里供应汽油1公斤。

第十四条 公务车出厂凭"派车单"放行。

第十五条 公务车聘请专任司机驾驶，并应随时保持车辆清洁，定期实施保养。

第十六条 司机开车应遵守交通规则，因违规而被罚款项不得报销。

第十七条 公务车不得擅自用于私事。

第十八条 节假日及下班时间，公务车一律在公司内停放，任何人不得将车辆开回家中。

▲通勤车管理规定

第一条 目的

本规定旨在加强公司正式员工、临时工及小时工的车辆通勤管理。本规定未涉及事项，按其他有关规定处理。

第二条 适用范围

本规定适用于公司所属正式员工、临时工及小时工，经公司许可利用通勤车辆通勤上班的情况。

第三条 车辆的定义

本规定的车辆是指乘用车、自动二轮车、带动力的自行车及其他车辆。

第四条 车辆通勤的承认

利用私车通勤者，应在《车辆通勤申请书》中填写有关项目，提交给总经理，并得到总经理的承认。

第五条 车辆通勤的许可条件

1. 基本条件：

（1）交通不便，公司认为有必要利用通勤车辆上班；

（2）因身体原因，公司认为利用其他交通工具通勤困难；

（3）公司认可的其他情况。

2. 乘用车：

（1）加入人身保险××元，车辆保险××元者；

（2）车辆在公司登记，持有登记证，并有明显标志；

（3）对他人或公司造成损害时，愿承担一切责任。

3. 自动二轮车和带动力自行车：

（1）加入人身保险××元，车辆保险××元者；

（2）车辆在公司登记，持有登记证，并有明显标志；

（3）对他人或公司造成损害时，愿承担一切责任。

4. 其他车：

（1）车辆在公司登记，持有登记证，并有明显标志；

（2）对他人或公司造成损害时，愿承担一切责任。

第六条 禁止项目

利用车辆通勤者，在遵守交通法规的同时，在下列情况下，禁止使用通勤车辆上班：

（1）无证驾驶或不携带驾驶证驾驶；

（2）生病或过度疲劳时驾驶；

（3）饮酒后驾驶；

（4）预计驾驶车辆上班会迟到时；

（5）道路交通法规或其他法令禁止驾驶时；

（6）公司禁止利用车辆上班时。

第七条 事故的责任与赔偿

利用通勤车辆上班途中如发生事故，公司不承担任何责任，也不支付任何赔偿。

第八条 停车场使用

车辆通勤者必须使用公司指定的停车场，不允许在非指定场所停车。使用公司停车场时，必须支付相应的停车费。

第九条 禁止私车公用

禁止私人车辆用于执行公司业务。

第十条 同车通勤许可

原则上禁止同车通勤（指两人或多人同车上班）。在特殊情况下，如符合下列条件，且填写《同车通勤申请书》后，并经总经理同意后可同车通勤。

（1）满足第五条第1、2项规定；

（2）搭乘者加入××元以上的保险；

（3）搭乘者加入交通伤害保险；

（4）搭乘者及家属与驾驶者及公司签订《同车通勤协议》，保证对意外交通事故不提出异议；

（5）同车通勤时，必须向总经理报告通勤路线和所需时间，不允许时间过长和中途下车。

第十一条 车辆通勤许可的取消

通勤者发生以下情况时，公司取消其车辆通勤许可资格：

（1）违反车辆通勤许可条件；

（2）因饮酒等重大过失而发生交通事故；

（3）滞纳停车费；

（4）其他公司认为有必要取消的理由。

第十二条 车辆通勤者的义务

（1）车辆通勤者的情况发生变更时，必须迅速报告公司。

（2）当发生交通事故，在向交通管理部门报告的同时，应迅速报告公司总经理。

（3）为预防因交通事故造成的赔偿和损失，应尽量加入各种保险。

（4）必须严格遵守交通规则。

第十三条 附则

（1）本规定的制定与修改由企划管理室主任提出草案，公司经理裁决，由公司总经理颁布执行；

（2）本规定自正式颁布日起执行。

▲ 业务用车管理规定

第一条 本公司各类业务车的使用管理均以本规定为准。

第二条 本规定所指的业务车包括轿车、货车、商务用车、宣传车等。

第三条 各类业务用车的管理由总务部负责，而日常的运营管理由主管部门负责。

　　第四条　公司如认为业务上确有必要，可为各部（或科）配置专车。应指定专人负责运营管理。负责人名单应报总务部。

　　第五条　除日常为接送公司干部而用车外，用车需经主管上级批准，并与总务科联系。

　　第六条　公司车辆调配者为保证公司业务的顺利运转，应准确把握车辆的运营状况和用途，实行科学地有计划地配车。

　　第七条　公司业务用车禁止私用或个人专用。但公司干部的用车另行规定。

　　第八条　驾车外出者外出前，必须将目的地、行车路线、需要时间等报告科长。

　　第九条　驾车外出者必须严格遵守交通规则，避免交通事故的发生。

　　第十条　驾驶者使用的车辆应注意保养与维修。

　　第十一条　驾驶者在驾驶时间外，应按时休息和饮酒适度。

　　第十二条　为提高车辆运营效率，各主管部门和总务部应对驾驶者进行经常性教育与指导。

　　第十三条　当业务用车发生事故时，驾驶者应首先作应急处理，然后迅速与公司联系，依据公司的决定，作妥善处理。

▲自行车库管理制度

　　1. 公司自行车库只存放本公司员工上下班用自行车，超过一周不取的车辆，行政部自行处理，长时间出差时，要向管理人员打招呼。
　　2. 凭有标志车筐存放车辆。
　　3. 要按规定位置放置车辆。
　　4. 爱护车室内公用设备，损坏赔偿。
　　5. 保持车室内卫生，不扔废弃物。
　　6. 要文明存车，服从管理员管理，按顺序存放，不得损坏他人车辆。

▲ 停车场门卫管理制度

停车场（库）门卫一般需设两人，一人登记收费，一人指挥车辆出入和停放，其职责是：

（1）指挥车辆的进出和停放；

（2）搞好停车场（库）的清洁卫生；

（3）严格履行交接班制度；

（4）车管员必须坚持原则，凡利用工作之便与车主拉关系、受贿赂、放松管理的，一经发现从严处理；

（5）值班人员要勤巡逻、多观察，发现问题，及时处理或上报，不准做与执勤无关的事；

（6）不准私带亲戚朋友在车库留宿，无关的闲杂人员要劝其离开；

（7）检查停放车辆的车况，发现漏水、漏油等现象要及时通知车主；

（8）对进出车辆做好登记、收费和车况检查记录；

（9）对违章车辆要及时制止并加以纠正；

（10）定期检查消防设施是否完好有效，如有损坏，要及时通报维修更换。不准使用消防水源洗车。

▲ 住宅区机动车辆管理规定

1. 所有外来车辆进入物业辖区的车辆必须服从管理公司的管理，未经管理处许可，不得进入住宅区。

2. 禁止2.5吨以上货车或大客车进入住宅区。

3. 禁止车辆在住宅区内乱停乱放，须按指定的地点停放，并收取停放费。

4. 长期停放住宅区的，应向管理处申请，领取物业管理公司颁发的"准停证"。

5. 驶入住宅区的车辆应减速行驶，不得鸣号，如有损坏路面、公用设施者，应按价赔偿。

6. 凡装有易燃、易爆、剧毒品或污染性物品的车辆不准进入住宅区。

7. 不准在住宅区内学习驾车、试车。

8. 车辆必须按规定的路线行驶，不得逆行，不得在人行道、绿化道上行驶，不得高速行驶，不得鸣号。进出车场（库）最高时速不得超过5公里。

9. 车辆必须按指定的地点停放，不得超越车位或跨位，并按规定收取停车费。行车通道、消防通道及非停车位严禁停车，任何违章停放的车辆将被拖移，领回车辆时除需按章收取保管费外，另应交付拖车费。

10. 长期在物业辖区内停放车辆，必须在管理公司办理定位租赁立户手续，领取停放证（须付押金），凭证出入，对号停放，并按月缴纳停放费。停放车辆必须办理保险。

11. 停止使用车位时应及时办理注销手续。如发生丢失或私自转让停放证（位），须按章扣留押金并取消停放证。

12. 车辆停放后，必须锁好车门，关好车窗，并注意车位清洁，不乱扔烟头杂物。

13. 漏水、漏油车辆不准停放，携带易燃、易爆、剧毒、腐蚀及污染品的车辆不准停放，未经清洗的车辆不准停放。

14. 车辆如损坏路面或公共设施，应照价赔偿。

▲车辆在小区内行驶停放规定

1. 遵守交通管理规定，爱护居住区的道路公用设施，不乱停车辆。

2. 车辆长期停放，须向服务中心办理"停车证"，临时停放存车费按政府有关规定缴纳。

3. 停放车辆服从管理人员指挥，注意前后左右车辆安全，在规定位置停放。

4. 停放好车辆后，必须锁好车门，调好防盗系统至警备状态（静音），车内贵重物品须随身带走。

5. 机动车辆在本区行驶，时速不得超过15公里。

6. 机动车辆在本居住区内行驶禁止鸣笛。

7. 不准在居住区内任何场所试车、修车、练习。

8. 不准碾压绿化草坪，损坏路牌、各类标志，不准损坏路面及公用设施。

9. 不准在人行道、车行道、消防道上停放车辆（机动车辆只能在停车场停放，非机动车辆只能在自行车库内停放）。

10. 除执行任务的消防车、警车、救护车等，其他车辆一律按本规定执行。

▲ 停车场管理规定

1. 出租车接送本区住户不经准许不得进入居住区，若出租车司机属来访者必须办理来访手续，换证出入，方可停车。
2. 大货车、集装箱车、拖拉机不得驶入居住区。
3. 车辆进场，凭"停车证"出入。
4. 本停车场不仅凭证出入，同时认人放行；车辆必须由专人驾驶，若非车主驾驶，必须有车主陪同驾驶者前来讲明，方可出场。
5. 不得在停车场试刹车、练习驾驶大型车、修车；有滴漏机油等必须清洗干净。
6. 不得损坏车场设施。
7. 严禁运载剧毒、易燃、易爆物品和其他不安全物资的车辆进场。
8. 按时缴费不得拖欠。

▲ 摩托车、助动车、自行车管理规定

1. 按时办理摩托车缴费手续，并领取车号牌。
2. 骑摩托车进出车库时应出示车号牌。
3. 摩托车人员应服从管理员的管理，并接受检查。
4. 进入物业辖区内的摩托车、助动车、自行车等车辆均须服从管理公司的管理，不得乱停乱放。
5. 需要长期寄放车辆的车主，必须办理立户登记手续，领取寄放证，凭此证享受按月收费待遇，无证车辆按临时停车对待，收取临时寄放费。
6. 车辆进入保管范围时，车主应向车管员领取车号牌挂于车上，按车位号寄放。当车辆离开时，必须将车号牌交还车管员，没有交还或牌号不符时，该车不得离开保管范围，违者车管员有权扣留，或送派出所处理。
7. 无牌照车辆丢失时，管理处不负赔偿责任。

▲ 车辆管理工作日检表

车辆管理工作日检表

单位：　　　　　班：　　　　　　　　　　　年　月　日

岗位	当班人	检项目： 1. 马路上车辆停放　　7. 收发保管卡 2. 摩托车保管　　　　8. 仪容仪表 3. 自行车保管　　　　9. 服务态度 4. 出入路口交通秩序　10. 操作程序 5. 小区内交通秩序　　11. 值班点和岗亭的卫生 6. 值班记录　　　　　12. 车辆保管场所卫生		

说明：1. 对照《车辆管理工作检验标准和办法》，由班长对各岗位在考核基础上进行检查记录，如合格在检查基础一栏中打"√"，如发现不合格时写出对应序号及不合格原因，其中如属轻微不合格由班长即行处理，如发生严重不合格时，由班长报告主任或车场负责人处理。

2. 管理处保存一年。

▲ 车辆登记表

车辆登记表

使用人姓名		驾驶员姓名	
牌照号码		车　　名	
车身号码		车　　型	
购车日期		初检日期	
复检日期			

保险记录	保险公司	保险证号码	保险期限	保险内容

购置价格		经销商	
附属品	□收音机　□放音机　□热风　□冷风			

驾驶员	住址		电话	
	住址		电话	

▲停车场（库）交接班记录

停车场（库）交接班记录

部门：　　　　　　　　　　　　编号：

交班人		接班人		交班人		接班人	
交接时间	年　月　日　时　分		交接时间	年　月　日　时　分		
	运行记事				运行记事		
备注				备注			

▲车辆请修报告单

车辆请修报告单

（表一）　　　　　　　填表日期：　　年　月　日

车型		车号		驾驶员姓名	
请修项目	估计金额				
	维修预算				
	累计已动支预算				
	尚余预算				
损坏原因					
审核意见					

主管：_____　管理员：_____　请修人：_____

（表二）　　　　　　　　＿＿＿年＿＿月＿＿日　编号：＿＿＿

车号		里程数		责任人	
请修项目					
估计金额					
修理厂					
损坏原因					
审核意见					

主管：＿＿＿＿　复核：＿＿＿＿　管理员：＿＿＿＿　请修人：＿＿＿＿

▲ 车辆费用报销单

车辆费用报销单

申请人		单位		车号	
报支期间				车型	
项目	张数	金额	\multicolumn{3}{c	}{}
			\multicolumn{3}{c	}{（单据粘贴处）}
小计					

主管：_____ 领款人：_____ 填表日期：_____

第十一章 现代物业福利、档案管理制度与表格

▲劳动保护制度

第一章 总 则

第一条 劳动保险旨在保障职工因伤、残、病等意外后的生活以及职工家属的部分待遇。

第二条 劳动保险牵扯每个职工的利益，有关问题由劳动部门与工会共同协商。

第二章 医疗保险

第三条 享受对象为本企业全体职工及直系亲属。

第四条 （手续）必须在本企业办有职工及家属劳动保险证。

第五条 （支付金额）凡属本企业职工医药费均全部由企业负担，职工的直系亲属企业只负担医药费的××%。

第三章 职工退休

第六条 （对象）本企业在册正式职工。

第七条 （条件）凡符合下列条件者均应由个人提出申请，视提出者的理由由企业命令退休。

1. 年龄：男年满××岁，女年满××岁。
2. 因伤病致残丧失劳动能力者。
3. 患有不可治愈的疾病，丧失正常思维者。

第八条 （退休金发放标准）在职职工退休金的发放按下表所列：

工　龄	××年以下	××年~××年	××年~××年	…	××年以上
按工资计退休金	××%	××%	××%	…	100%

第九条 （退休手续）凡退休人员需填写"退休申请表"交劳动部门，命令退休人员由劳动部门填报并记入人事档案，办理各种手续。

第十条 退休金的领取可由职工本人或委托人按月到企业财务部门领取，或由企业转交社会服务机构按月发至本人。

第四章　职工退职

第十一条 （适用范围）本企业全体在册正式职工。

第十二条 退职金的计算按退职人员最后×个月的工资额为计算基数。

第十三条 退职金额按照工资基数乘以工作年限系数得之（见附表）。

附表一

工作年限	1~2年	3~5年	5~10年	10~15年	…
工龄系数	2	3	6	10	…

附表二

工作年限	1~4年	5年	6年	7年	…
工龄系数	0	1	1.4	1.8	…

第十四条 退职金支付条件：

1. 属于下列情况者按附表一计算退职金：
（1）非因公病伤不能工作，自动申请退职者；
（2）因公病伤不能工作，自动申请退职者，但享受比上条高一档；
（3）死亡；

(4) 因智能丧失，身残体病不能工作由企业解雇者。
2. 属于下列情况者按附表二计算退职金：
(1) 在本企业工作×年以上自动辞职者；
(2) 在本企业工作连续×年以上自动辞职者。
3. 因违法乱纪被企业开除者不给予退职金。
第十五条　支付时间及形式。退职人员办妥退职手续后，即付给一次性退职金，如果退职金金额太大无法一次付清者可以分期付清。

第五章　工伤保险

第十六条　（适用范围）凡是企业在册正式职工因工作造成伤残者。
第十七条　（定义）属于下列情况者视为因公受伤：
1. 在企业工作地工作因外部原因受伤者。
2. 在上班途中因外部原因受伤者。
第十八条　（待遇）因公受伤者享受下列保险：
1. 养伤期间除奖金外一切报酬照发。
2. 治疗、养伤期间所花费的医疗费用由企业负担。
3. 养伤期间工龄照常连续计算。

第六章　劳保基金的管理

第十九条　基金的管理使用由劳动部门掌握，具体支付由劳动部门与工会共同协商。
第二十条　凡享受劳保待遇者，病、伤、残要有医生诊断书，退、离职要有劳动部门调动凭证。

第七章　附　则（略）

▲工伤处理的有关规定

1. 确定工伤范围：员工由于下列情况之一，负伤、致残、死亡，应当确认为工伤：
(1) 员工从事日常生产工作时发生的工伤事故。

（2）在生产工作环境中，接触职业性有害元素或患职业病的。

（3）在生产工作区域内由于不安全因素，造成的意外伤害或者由于工作紧张突发急病，造成死亡或经抢救治疗后丧失劳动能力的。

（4）因履行职责遭致人身伤害的。

（5）在发生灾害或险情时，员工进行抢险救灾、救人等维护国家、社会和公众利益的行为而遭受意外的。

（6）因公外出，由于工作原因遭受其他意外，造成伤害、失踪、突发急病等。

（7）在上下班的规定时间和必经路线上发生非本人责任，或非本人主要责任的道路交通机动车事故。

（8）劳动法律和法规规定的其他情形。

2. 员工因下列情形之一造成负伤、致残、死亡的不应定为工伤：

（1）违法或犯罪；

（2）自杀或自残；

（3）斗殴；

（4）酗酒；

（5）蓄意违章；

（6）劳动法律法规规定的其他情形。

3. 员工在工作中因工伤身体受到的损伤必须在24小时内向人事部汇报。

（1）轻伤者由部门组织调查，查清事故原因并确定事故责任，提出处理意见，经人事部确认，安全领导小组批准后方可按工伤处理。

（2）重伤事故由安全领导小组组织有关人员调查确认后，由人事部向当地劳动局安全部门送交工伤报告。

4. 员工工伤就医，必须在医务室就诊，由医务室医生负责转院，或到指定合同医院就诊。工伤待遇按规定处理，医疗费用、药费、住院费、膳食费、就医经费均由单位负担。

5. 工伤期间工资待遇按国家规定办理。

▲员工医疗费报销办法的规定

1. 员工看病先到医务室就诊。需要到合同医院或其他医院就诊的，须经医务室同意并开具转诊单，未经医务室同意去非合同医院就诊，医药费不予报销。

2. 签报医疗费，必须备齐转诊单、合同医院医疗手册、处方、底方及报销单据。

3. 因急病未在合同医院就诊，必须出具急诊证明。医疗手册及处方用药与急诊病情必须相符，否则不予报销。

4. 职工医药费报销办法实行随工龄增加，报销比例递增和医疗费累计数额超标报销比例递减的原则：

（1）工龄（按劳动局计算普通工龄的口径计算）：

5年以下报销65%；5～10年报销75%；10～20年报销85%；20年以上报销95%。

（2）单位正式员工的家属医药费报销办法如下：

凡持独生子女证的职工，原则上由双方单位各报销50%，报销的项目只限于药费、手术费、输血费。

报销金额超过一定数额之后，报销比例递减，即：本年度在单位实际报销金额500元以上1000元以内报销45%；实际报销金额在1000元以上2000元以下报销40%；实际报销金额在2000元以上1万元以下报销30%；超过1万元以上者报销20%。

▲ 员工伤害补偿规定

第一章 总 则

第一条 目的

本规定旨在明确员工在执行业务过程中受到伤害时，公司予以补偿的具体办法。

第二条 补偿范围

补偿的对象限于在执行业务过程中因故受到伤害的员工及其家属。

受伤害员工因同一原因接受其他伤害补偿时，公司仅向其支付相当于余额的补偿。

第三条 例外

因本人故意或重大过失造成伤害时，由有关部门认定后，不给予伤害补偿，或给予部分补偿。

第二章 补 偿

第四条 补偿种类

1. 疗养补偿。
2. 休养补偿及休养薪金。
3. 长期伤病补偿及长期伤病薪金。
4. 伤残补偿及伤残薪金。
5. 家属补偿及家庭补助。
6. 殡葬费。
7. 退职薪金。

第五条 疗养补偿

指因工受伤或患病时，公司向其支付的必要的疗养费。

疗养费直接付给员工医疗的定点医院。

在治疗过程中，所需的转院交通费由公司负担。如需家属陪同时，由公司支付一定的补偿。

第六条 休养补偿及休养薪金

为辅助治疗，需休养时，公司除给予休养补偿外，附加休养薪金。

休养薪金仅限于休养期，其数量为平均额的40%。

第七条 长期伤病补偿及长期伤病薪金

如受伤害者经疗养三年后尚未治愈，除给予长期伤病补偿外，附加长期伤病薪金。

长期伤病工资为平均工资的40%。

第八条 后处理薪金

受伤害者经治疗后，如需要医疗后处理（如外科手术后处理、安装假肢、义眼等），应向其支付后处理薪金。

后处理薪金为平均额的60%。

第九条 伤残补偿及伤残薪金

因伤害造成身体残疾时，除给予伤残补偿外，附加伤残薪金（伤残薪金按伤残程度分级支付）。

第十条 家属补偿及家庭补助

员工因伤害死亡时，除对其家属予以家属补偿外，给予家庭生活补助。

以上两项补偿规定，应一次性支付。

第十一条 殡葬费

员工因伤害死亡时，公司按有关规定负担殡葬费。

第十二条 退职薪金

受伤害员工退职时，公司向其支付退职薪金。

退职薪金的支付标准为：本人退职前薪金×支付天数。支付天数按本人实际年龄分段（17岁以下为600天；18～22岁为588～540天；23～26岁为528～492天；

27～30岁为480～444天；31岁以上为432天)。

第三章　申请手续及支付方法

第十三条　申请手续

受伤害后，员工应迅速将医师证明材料和申请表报请上级主管，提交总务部门。

第十四条　支付方法

非薪金性补偿，直接支付给本人或其家属。

薪金性补偿分月随薪金支付，必要时也可临时支付。但伤残薪金、家庭补助和退职薪金可在申请后立即支付。

第四章　附　则

对临时工的伤害补偿也按本规定办理。

▲交通伤害赔偿规定

第一条　本规定旨在消除员工上下班途中因交通问题而带来的不安全感，提高本公司员工的福利保障水平。

第二条　员工在上下班途中因交通事故及其他事由造成伤害时，可按本规定获赔偿。但是，公司管理人员、顾问、临时雇用者不在此列。

第三条　本公司与××保险公司签订保险合同，由保险公司负责具体的赔偿支付事务。

第四条　本规定的支付范围限定在下列情况，但伤害发生150日以后出现的伤害与死亡不在此列。

1. 死亡　　　　　　　　　　　×万元（100%）。
2. 终身残废　　　　　　　　　×万元（80%）。
3. 两眼失明　　　　　　　　　×万元（60%）。
4. 失去上肢或下肢　　　　　　×万元（60%）。
5. 两耳失去听力　　　　　　　×万元（60%）。
6. 一眼失明　　　　　　　　　×千元（20%）。
7. 失去鼻子　　　　　　　　　×千元（20%）。

8. 失去一手拇指　　　　　×千元（14%）。
9. 一耳失聪　　　　　　　×千元（14%）。
10. 失去一个手指　　　　 ×千元（6.8%）。
11. 失去一个脚趾　　　　 ×千元（6.8%）。

第五条　第四条以外的伤害，参照上条赔偿标准决定。同一事故造成两项以上伤害时，最高赔偿额为×万元。

第六条　如直接伤害影响已有伤害或疾病，应给予相应的追加赔偿。

▲ 休息、休假规定

1. 年假。

（1）凡在本公司工作满1年以上者可享受有薪年假5天（试用期、见习期、学徒期内除外）。

（2）连续工龄每满3年增给年假1天，以此类推，但增给假期最多不超过10天，领班以上人员年假按以下天数增加：

①领班增加1天；
②主管增加2天；
③部门正、副经理增加3天；
④正、副总监增加4天；
⑤副总经理、总会计师、总工程师增加5天；
⑥总经理增加6天。

（3）凡当年有下列情形之一者，不享受年假：

①病休或其他各种假期全年累计45天以上；
②受到记大过处分，或发生重大责任事故造成政治、经济损失的。

（4）凡上半年度6月30日之前调入的新员工，可在第二年享受年假，下半年度7月1日~9月30日调入的，可在第二年下半年享受年假。9月30日以后调入者第二年不享受年假。

2. 事假。

（1）员工请事假，须提前一天向部门领导提出申请，经批准后方可休假。特殊情况来不及事前请假时，应用电话请假，事后补办请假手续。

（2）学习期、学徒期、试用期内一般不予准假，因故必须请假的，且事假时间较长，将顺延学习期、学徒期、试用期。

3. 病假。

（1）员工因病请假，应凭医务室病假条经主管批准后方可病休。

（2）员工到医院就医，须经医务室同意，每次就医时间最多不超过 4 小时，超过部分按事假处理。

就医时间按月累计，少于 4 天不计缺勤，超过 4 天部分按病假处理。

（3）员工在合同医院或其他医院急诊就医开具的病假证明，须经医务室同意，换取本医务室的病休证明。

4．调休。

（1）员工加班应按规定发给加班工资。本人要求调休的，经本部门经理同意，一般当月调休，特殊情况可在一季度之内使用。

（2）员工调休须填写调休假条，调休时间以半天为最小单位。调休在 4 小时以下者，以 4 小时算。

（3）员工调休，须提前一天征得部门领导同意，未经批准者，不得擅离工作岗位。

5．产假、计划生育假。

（1）女工工作满 1 年方可领取计划生育指标。未按规定生育者，不享受计划生育的各种待遇。

（2）女工分娩时，须呈交医院或医务室签发的证明。符合计划生育规定者可给予产假 90 天（含节假日），其中产前休假 15 天；难产增加产假 15 天；多胞胎生育的，每多生育 1 个婴儿增加产假 15 天。

（3）女职工怀孕不满 4 个月流产者，给予 15～30 天产假；满 4 个月给产假 42 天。

（4）员工施行计划生育手术（放环、人流、绝育），按医院证明给予休息时间。

（5）当年休过产假的，或休产假两个月及两个月以上的，不再享受年假。

（6）有关规定详见《关于计划生育的有关规定》。

6．探亲假。

符合国务院《关于职工探亲待遇的规定》第二条"与配偶不住在一起，又不能在公休假日团聚的"和"与父亲、母亲都不住在一起又不能在公休假日团聚的"规定条件的职工可给予探亲假。

员工探亲假期按下列方法批给：

（1）员工探望配偶，每年给予一方探亲假一次，为期 30 天。

（2）未婚员工探望父母的，工作满 1 年以上者，每年给假一次，为期 20 天。如因工作需要，单位当年不能给予假期或者员工自愿两年探亲假合并使用的，假期为 45 天。

（3）已婚职工探望父母的，每 4 年给假一次，假期为 20 天。

（4）凡休探亲假的员工只享受工资及补贴，不享受当月浮动工资（跨月份休假的只扣 1 个月的浮动工资）。

（5）往返路费报销按国家有关规定及有关合同条款执行。

（6）休探亲假的员工，试用期满一年后方可享受。

7. 婚假。

员工在学徒期、试用期、见习期满后，符合法定结婚条件者，经人事部批准可享受 3 天的新婚假，工作满 1 年且符合国家晚婚规定的晚婚者，可另增新婚假 7 天。

结婚者配偶如在外地工作，可按路途远近，增给往返路程假。

8. 丧假。

员工直系亲属（父母、配偶、子女、岳父母、公婆）死亡时，经领导批准可给予 3 天假期。如员工料理直系亲属丧事需去外地，可按路途远近，另给往返路程假。

9. 公假。

职工因下列事项并持有证明，经部门领导批准，可按公假处理，公假期间工资照发。

（1）参加学生家长会。

（2）因国家征用土地搬迁。

公假时间由领导视实际情况决定，最多不超过 2 天。

10. 义务献血假。

义务献血者除给予一定的补助外，还可享受 14 天有薪假。

11. 请假及审批权限。

（1）请假：各种假期不论时间长短（病假除外）一律事先填写"请假申请表"，按规定的批准权限报批后生效。

（2）请假天数审批权限：

①病假：医务室有权批准休假 2 天。

②事假：部门经理有权批假 2 天。2 天以上报人事部经理批准。

③部门经理以上管理人员请假须提前一天填写"请假申请表"，经分管副总经理审批后方可休假。工作时间临时非因公外出，半小时以上须向分管副总经理报告。

12. 附则。

职工凡有下列情况之一者，按旷工处理，旷工期间停发工资和奖金或除名：

（1）用不正当手段骗取、涂改、伪造休假证明者。

（2）未请假或请假未批准擅自不上班者。

（3）不服从工作安排，经教育执意不上岗工作或不接受分配任务者。

（4）打架斗殴致伤造成病休者。

▲ 档案资料管理制度

为加强企业档案资料管理，使公司所有员工都关心档案工作，特制定本档案资料管理制度。

1. 档案资料管理各级职责。
（1）分管经理工作职责。
①必须把档案管理工作列入经理任期目标责任制，并分解下达管理目标。
②要重视档案管理工作，积极解决档案管理工作经费及其他问题，每年至少要召开两次档案工作会议。办公室根据《档案法》和经理的年度方针、工作目标制定每年工作计划。
（2）档案资料员工作职责。
①负责做好收件登记、编号、运转和检查未归档文件的催办工作。
②按规定程序及时、正确地办理各种资料的动态注记。
③配合物业主管做好发放《公房凭证》和签订《非居住用房租赁合同》工作。
④按时收集好各类档案资料，不散失，不遗留，做好立卷归档。分类要准确，装订要工整，要符合立卷标准。
⑤及时制订工作计划和做好工作总结，每月或每季提供给各级领导正确、可靠的统计表。
⑥严格执行查阅资料的规定办法和资料保密纪律。
⑦妥善保管好各类档案资料。

2. 公、检、法部门或房管部门和上级主管机关因办案需要，需查阅有关房产资料，按规定凭介绍信查阅。

3. 律师事务所要了解有关当事人资料的，凭律师事务所出具写明查阅内容和目的的介绍信，并出示"聘请律师合同书"，由资料员代为查阅，并根据不同情况采用口头或书面方式，把房产的性质和当时处理的结论进行答复。

▲ 档案管理制度

第一条　管理部门
1. 文书结案后，原稿由各文书管理部门归档，经办部门根据实际需要留存影本。如因业务处理需要，原稿须由经办部门保管，应经文书管理部门主管同意后妥善保存，文书管理部门以影本归档。

2. 各分公司档案分类目录及编号原则，由各公司经理室或事业部经理室统一制定，总管理处各部门、中心档案则由各部门自行编定并报送总管理处。

第二条　文件点收

文件结案移送归档时，根据如下原则点收：

1. 检查文件的文本及附件是否完整，如有短缺，应立即追查归入。
2. 文件如经过抽查，应有管理部门主管的签认。
3. 文件的处理手续必须完备，如有遗漏，应立即退回经办部门科室。
4. 与本案无关的文件或不应随案归档的文件，应立即退回经办部门。
5. 有价证券或其他贵重物品，应退回经办部门，经办部门送指定保管部门签收后，将文件归档处理。

第三条　文件整理

点收文件后，应依下列方式整理：

1. 中文直写文件以右方装订为原则，中文横写或外文文件则以左方装订为原则。
2. 右方装订文件及其附件均应对准右上角，左方装订则对准左上角、理齐钉牢。
3. 文件如有皱折、破损、参差不齐等情形，应先补整、裁切、折叠，使其整齐划一。

第四条　档案分类

1. 档案分类应视案件内容、部门组织、业务项目等因素，按部门、大类、小类三级分类。先以部门区分，然后依案件性质分为若干大类，再在同类中依序分为若干小类。
2. 档案分类应力求切合实用。如果因案件较多三级分类不够应用时，须在第三级之后增设第四级"细类"。如案件不多，也可仅使用"部门"及"大类"或"小类"两级。
3. 同一"小类"（或细类）的案件以装订于一个档夹为原则，如案件较多，一个档夹不够使用时，可分为两个以上的档类装订，并于小类（或细类）之后增设"卷次"编号，以便查考。
4. 每一档夹封面内首页应设"目次表"，案件归档时依序编号、登录，并以每一案一个"目次"编号为原则。
5. 档号的表示方式如下：

A_1A_2——$B_1B_2C_1C_2D_1$——E_1E_2

其中 A_1A_2 为经办部门代号，B_1B_2 为大类号，C_1C_2 为小类号。D_1 为档案卷次，

E_1E_2 为档案目次。

第五条 档案名称及编号

1. 档案各级分类应赋予统一名称，其名称应简明扼要，以充分表示档案内容性质为原则，并且要有一定范畴，不能笼统含糊。

2. 各级分类、卷次及目次的编号，均以十进位阿拉伯数字表示；其位数使用视案件多少及增长情形斟酌决定。

3. 档案分类各级名称经确定后，应编制"档案分类编号表"，将所有分类各级名称及其代表数字编号，用一定顺序依次排列，以便查阅。

4. 档案分类各级编号内应预留若干空当，以备将来组织扩大或业务增多时，随时增补之用。

5. 档案分类各级名称及其代表数字一经确定，不宜任意修改，如确有修改必要，应事先审查讨论，并拟定新旧档案分类编号对照表，以免混淆。

第六条 档案编号

1. 新档案，应从"档案分类编号表"中查明该档案所属类别及其卷次、目次顺序，以此来编列档号。

2. 档案如何归属前案，应查明前案的档号并予以同号编列。

3. 档号以一案一号为原则，遇有一档案件叙述数事或一案归入多类者，应先确定其主要类别，再编列档号。

4. 档号应自左而右编列，右方装订的档案，应将档号填写于案件首页的左上角；左方装订者则填写于右上角。

第七条 档案整理

1. 归档文件，应依目次号顺序以活页方式装订于相关类别的档夹内，并视实际需要使用"见出纸"注明目次号码，以便翻阅。

2. 档夹的背脊应标明档夹内所含案件的分类编号及名称，以便查档。

第八条 保存期限

文件保存期限除政府有关法令或本企业其他规章特定者外，依下列规定办理：

1. 永久保存：

（1）公司章程；

（2）股东名册；

（3）组织规程及办事细则；

（4）董事会及股东会记录；

（5）财务报表；

（6）政府机关核准文件；

（7）不动产所有权及其他债权凭证；

（8）工程设计图；

（9）其他经核定须永久保存的文书。

2．10年保存：

（1）预算、决算书类；

（2）会计凭证；

（3）事业计划资料；

（4）其他经核定须保存10年的文书。

3．5年保存：

（1）期满或解除之合约；

（2）其他经核定保存5年的文书。

4．1年保存：结案后无长期保存必要者。

5．各种规章由规章管理部门永久保存，使用部门视其有效期予以保存。

第九条　档卷清理

1．档案管理人员应随时擦拭档案架，保持档案清洁，以防虫蛀腐朽。每年更换时，依规定清理一次，已到保存期限者，给予销毁。销毁前应造册呈总经理核准，并于目录表附注栏内注明销毁日期。

2．保管期限届满的文件中，部分经核定仍有保存参考价值者，管档人员应将"收（发）文登记单"第五联附注在其保留文件上，并在第五联上注明部分销毁的日期。

第十条　调卷程序

1．各部门经办人员因业务需要需调阅档案时，应填写"调卷单"，经其部门主管核准后向管档人员调阅。

2．档案管理人员接到"调卷单"，经核查后，取出该项档案，并于"调卷单"上填注借出日期，然后将档案交与调卷人员。"调卷单"按归还日期先后整理，以备催还。

3．在档案室当场借阅者，免填"调卷单"。

4．档案归还时，经档案管理人员核查无误后，档案即归入档夹。"调卷单"由档案管理人员留存备查。

第十一条　调卷管理

1．"调卷单"以一单一案为原则，借阅时间以一周为限，如有特殊情形需延长调阅期限时，应按调阅程序重新办理。

2．调卷人员对于所调档案，不得抽换增损，如有拆开必要时，亦须报明原因，请管档人员负责处理。

3．调卷人员调阅档案，应于规定期限内归还，如有其他人员调阅同一档案时，应变更调卷登记，不得私自授受。

4．调阅的档案应与经办业务有关，如调阅与经办业务无关之案件，应经文书管理部门主管同意。

▲员工工作业绩档案管理制度

1. 要建立工作业绩档案，对各段时期的工作要有评价和考核，对其主要表现记入档案。考核标准是依据岗位责任制中的职责范围等内容，考核工作可分配到各部门进行，最后由人事部汇总。

2. 建立员工工作业绩档案的目的是便于对员工正确全面地评价，对工作突出，成绩和贡献较大者要给予表扬、奖励、晋级等。对工作不踏实、消极怠工，屡屡出现差错者要进行批评、处罚、降级或撤职。

3. 员工工作业绩档案的内容，主要有以下几个部分：

（1）文件材料。主要文件包括员工人事调动表、劳动合同书、员工身份证、专业文凭、证书、待业证明等文件的复印件等。

（2）考评记录。主要是《员工工作表现评估表》。公司实行制度化的评估工作，对员工工作表现定期定时进行考评。考评记录可比较全面地反映员工的工作概况，且有重要的查考作用。

（3）出勤记录。员工每月的考勤统计按年度汇总归纳，以专设的统计表格形式存入员工工作档案。员工出勤情况的记录是员工工作态度的反映，体现了员工对企业的忠诚和对工作的责任感。

（4）奖惩记录。员工在日常工作中表现突出或违反纪律而受到各种奖励或处罚的记录是对其工作能力、可信赖程度、工作责任心及工作态度的一种检验尺度，也是考察员工表现，使用与提拔员工的重要依据。

（5）职级变更。员工在工作中，由于工作表现及服务年限因素，其职务、级别与工资待遇等内容会有变动，这种变动也体现出了员工工作能力、工作表现、贡献大小。因此，员工工作档案中对员工职级的变动记录是查考员工工作表现的客观依据。

4. 在员工工作档案中，还要搜集员工工伤情况记录、客人表扬或投诉员工的信件（复印件）等资料。这对于全面、有效地考查员工表现都有重要作用。

▲员工人事档案管理规定

1. 人事档案的内容：

员工人事档案是关于员工个人及有关方面历史情况的材料。其内容主要包括：

（1）记载和叙述员工本人经历、基本情况、成长历史及思想发展变化进程的履历、自传材料；

（2）员工以往工作或学习单位对员工本人优缺点进行的鉴别和评价，对其学历、专长、业务及有关能力的评定和考核材料；

（3）对员工的有关历史问题进行审查、甄别与复查的人事材料；

（4）记录关于员工在所工作或学习单位内加入党派组织的材料；

（5）记载员工违反组织纪律或触犯国家法律而受到处分及受到各级各类表彰、奖励的人事材料。

2. 人事档案保密规定：

公司人事部对接收员工原单位转递而来的人事档案材料内容，一概不得加以删除或销毁，并且必须严格保密，不得擅自向外扩散。

3. 员工个人情况变更规定：

（1）员工进入公司后，由员工本人填写《员工登记表》，其内容包括员工姓名、性别、出生年月、民族、籍贯、政治面目、文化程度、婚姻状况、家庭住址、联系电话、家庭情况、个人兴趣爱好、学历、工作经历、特长及专业技能、奖惩记录等项目。

（2）项目内容如有变化，员工应以书面方式及时准确地向人事部报告，以便使员工个人档案内有关记录得以相应更正，确保人事部掌握正确无误的资料。

4. 员工人事档案的使用：

员工人事档案为公司管理的决策部门提供各种人事方面的基本数据，并为人事统计分析提供资料。公司人事决策人员可以通过对有效数据的分析，了解公司人员结构的变动情况，为制定公司人力资源发展规划提供依据。公司要认真做好员工档案材料的收集、鉴别、整理、保管和利用，充分发挥员工档案材料的作用，为公司人力资源的规范化管理奠定扎实的基础。

▲员工培训档案管理办法

1. 员工培训档案的内容。

（1）员工培训档案是对员工自进入公司工作开始所参与过的各种培训活动的详细记录。

（2）员工的培训记录内容包括：

①在职前训练中，该员工接受各种专业培训课程的课程名称、内容、时间、出勤记录，参加有关考试的试卷，培训员对该员工的培训评估以及员工参加职前训练

后的心得体会或总结报告等；

②在岗位培训中，员工参与的专业或外语的训练课程考勤记录、课程情况、考试成绩、评估表格、总结报告等；

③在工作期间，员工自费参加社会上举办的各类业余进修课程的成绩报告单与结业证书复印件等有关材料。

2. 员工培训档案的使用。

（1）员工培训档案将与其工作档案一起被公司人事部作为对员工晋升、提级、加薪时的参考依据。

（2）员工的培训档案也是公司人事培训部发掘与调配人才的原始依据。

▲档案借阅管理制度

第一条 借阅档案（包括文件、资料）必须在档案借阅登记簿上登记，秘密级以上的档案文件须经经理级领导批准后方能借阅。

第二条 案卷不许借出，只供在档案室查阅，未归档的文件及资料可借出。

第三条 借阅期限不得超过两星期，到期必须归还，如需再借应办理续借手续。

第四条 借阅档案的人员必须爱护档案，不得擅自涂改、勾画、剪裁、抽取、拆散、摘抄、翻印、复印、摄影，不得转借或损坏。否则，按违反《保密法》追究当事人责任。

第五条 借阅的档案交还时，必须当面点交清楚，如发现遗失或损坏，应立即报告领导。

第六条 外单位借阅档案，应持单位介绍信，并经总经理批准后方能借阅，但不能将档案带离档案室。

第七条 外单位摘抄卷内档案，应经总经理同意，对摘抄的材料要进行审查、签章。

▲服务中心文件档案管理制度

1. 服务中心办公室人员专职负责服务中心所有文件（通知、命令、公函、总结、报告、通报、会议纪要等）及资料（技术图纸、说明书、手册、个人简历、员工档案、市府法规、车辆档案、住户档案等）的存档、收集和保管。

2. 任何人员借阅上述文件资料，须登记日期、用途、经手人及归还日期。

3. 属秘密文件的要妥善保管，不准散播其内容，未经领导批准不得给外部人员翻阅，不准复印，不准带离办公室。

4. 职员个人档案材料属秘密材料，他人无权翻阅，保管人员也不准将这些资料擅自给他人过目。

5. 文件资料等要进行合理归档，归档要注意整齐，归档前要先把资料分类，无论是按字母顺序、按内容或按时间等形式分类，其目的都是为了查找迅速方便，因此都必须在档案夹里清楚地标明。

6. 要经常进行清理归档，以免资料堆积混乱，对过期的文件资料，要及时清理，无保存必要的资料，经服务中心领导批准可做销毁处理。

▲ 档案存放地备查用表

档案存放地备查用表

档架（柜）	栏	格	楼：		层：		房间：
			全宗号	全宗名称	案卷目录号	案卷目录名称	目录中案卷起止号数

▲ 归档案卷目录

归档案卷目录

卷宗号：　　　　目录号：　　　　部门：

案卷顺序号	立卷类目号	案卷标题	起止日期	卷内张数	保管期限	备注

▲ 档案明细表

档案明细表

保险库号		柜位号			拟存至日期		
公司	部门	文件名称内容	类别	入库日期 年 月 日	出库日期 年 月 日	收件人签收

▲ 档案内容登记簿

档案内容登记簿

类号_____

案　号	内　　容	备　注

▲ 档案调阅单

档案调阅单

档案名称或收发文号					
核　　批		调阅人		借出日期	年　月　日
档号及件数	共宗（件）	还卷日期		年　月　日（经收人签章）	

注：本单一式两联，第一联于案卷退还后由档案室退还调卷人，第二联留存档案室备查。

第十二章 现代物业员工宿舍、食堂管理制度与表格

▲员工宿舍管理制度

第一条 为使员工宿舍保持一个良好、清洁、整齐的环境，以保证员工在工作之余得到充分的休息，维护生产安全和提高工作效率，特制订本制度。

第二条 住宿条件。

1. 在市区内无适当住所或交通不便的员工可申请住宿。
2. 凡有以下情形之一者，不得住宿：
（1）患有传染病者。
（2）有吸毒、赌博等不良嗜好者。
3. 不得携带家属住宿。
4. 保证遵守本制度。

第三条 员工离职（包括自动辞职、免职、解职、退休、深造等），应于离职日起3天内搬离宿舍，不得借故拖延或要求任何补偿费或搬家费。

第四条 宿舍设立管理员，其工作任务如下：

1. 监督管理一切内务。
2. 监督值班人员维护环境清洁及关闭门窗。
3. 保管住宿者如血型、紧急联络人等方面的资料，以备急需。
4. 有下列情形之一者，应通知主管及总务部门：
（1）违反宿舍管理规则，情节严重；
（2）留宿亲友；
（3）宿舍内有不法行为或外来人员；
（4）员工身体不适以致病重，应及时送医院并通知其亲友。

第五条　员工对所居住的宿舍，不得随意改造或变更。

第六条　员工不得将宿舍转租或出借给他人使用，一经发现，即停止其居住权利。

第七条　公司主管和总务部门主管应经常视察宿舍，住宿员工不得拒绝。

第八条　宿舍所有器具设备（如电视、玻璃镜、卫浴设备、门窗、床铺等），住宿员工有责任维护其完好。如有疏于管理或恶意破坏者，由其负担修理费或赔偿，并视情节轻重给予纪律处分。

第九条　住宿员工应遵守下列规定：

1. 服从管理员管理、派遣与监督。
2. 室内禁止烧煮、烹饪或私自接配电线及装接电器。
3. 室内不得使用或存放危险及违禁物品。
4. 起床后棉被叠放整齐。
5. 烟灰、烟蒂不得丢弃地上，室内不得存放易燃物品。
6. 换洗衣物不得堆积在室内，暂不用的衣、鞋必须放入柜内。
7. 洗完衣物在指定位置晾晒。
8. 使用电视、收音机不得妨碍他人休息。
9. 就寝后不得影响他人睡眠。
10. 宿舍不得留宿亲友，外人拜访应登记姓名、与员工关系及进出时间。
11. 夜间最迟应于 23 时前返回宿舍，否则应向管理员报告。
12. 贵重物品应避免携入，违反规定放入室内而致丢失者责任自负。
13. 不得在墙壁、橱柜、门窗上随意张贴字画或钉挂物品。
14. 废物、垃圾等应集中倾倒在指定场所。
15. 房间清洁由住宿人轮流负责。
16. 节约用水，节约用电，人去灯灭。
17. 不得在床上抽烟。
18. 不得在宿舍内聚餐、喝酒、赌博、打麻将或从事其他不健康活动。

第十条　住宿人员轮流值班，负责公共地区的清洁，公共设施的修缮，水、电、门窗等的安全巡视，发现问题及时报告并立即采取措施。

第十一条　住宿员工发生下列行为之一者，应取消其住宿资格，并呈报其所属部门和总务部门处理：

1. 不服从管理员监督、指挥。
2. 在宿舍赌博、打麻将、斗殴、酗酒。
3. 蓄意毁坏公司物品或设施。
4. 擅自在宿舍内接待异性或留宿外人。
5. 经常妨碍宿舍安宁，屡教不改。

6. 严重违反宿舍安全规定。
7. 无正当理由经常外宿。
8. 有偷窃行为。

第十二条 住宿者迁出应将床位、物品、抽屉等清理干净,带出物品应先交管理员或主管人员检查。

第十三条 管理人员应按规定及时到公安户籍管理部门为住宿者办理临时户口登记。

第十四条 本制度报呈总经理核准后公布实施,修改时亦同。

▲职工宿舍文明守则

第一条 为加强公司宿舍区的文明建设,使职工有一个清洁、宁静、安全、文明的生活环境,特制订职工宿舍文明守则。

第二条 保持生活环境的整洁卫生,不随地吐痰、乱丢果皮、纸屑、烟头等。一切车辆(含自行车)要按指定的位置摆放整齐。

第三条 宿舍区内的走廊、通道及公共场所,禁止堆放杂物、养鸟和其他宠物。

第四条 讲文明礼貌,不随地大、小便,不从楼上抛丢垃圾、杂物和倒水。不准弄脏和画花墙壁。

第五条 养成良好的卫生习惯,垃圾、杂物要倒在垃圾池(桶)内。

第六条 注意安全,不许私自安装电器和拉接电源线,不准使用明火炉具(用电炉具)及超负荷用电。

第七条 预防火灾,严禁在宿舍区燃放烟火和鞭炮。

第八条 自觉维护宿舍区的安静,在中午、晚上休息时间不使用高音器材,大声吵闹,不进行有噪声的活动,以免影响他人休息。

第九条 美化环境,爱护花草树木和一切公共设施。

第十条 各住户生活区的卫生要经常打扫,保持整洁。

第十一条 遵纪守法,严格遵守治安管理的有关规定,自觉维护宿舍区的秩序。

以上规定希望广大职工自觉遵守,违者按公司住房管理规定的条款给予处理。

▲ 食堂管理规定

第一条 本公司食堂工作人员须严格遵守公司的一切规章制度，按时上下班，坚守工作岗位，服从组织安排，未经同意不得擅自离开工作岗位。

第二条 树立全心全意为他人服务的思想，讲究职业道德，文明服务，态度和蔼，主动热情，礼貌待人，认真负责。做到饭熟菜香，味美可口，饭菜定量，食品量足，平等待人。

第三条 遵守财经纪律。收款一律打卡，禁止收取现金。炊事人员按规定每月交纳就餐费并严格登记。任何人在食堂就餐须按规定标准收费。不得擅自向外出售已进库的物品。

第四条 坚持实物验收制度，搞好成本核算，做到日清月结、账物相符。每月盘点一次，每月上旬定期公布账目，接受监督。

第五条 爱护公物。食堂的一切设备、餐具都有登记，有账目，对放置在公共场所内的任何物件（公家或个人），不得随便搬动或挪作他用。无故损坏各类设备、餐具，要照价赔偿。

第六条 炊事人员要注意个人卫生，做到勤洗手、剪指甲，勤换、勤洗工作服，工作时要穿戴工作衣帽。炊事人员每年进行一次健康检查，无健康合格证者，不准在食堂工作。

第七条 计划采购。严禁采购腐烂变质食物，防止食物中毒。

第八条 安排好就餐，减少排队时间，按时开饭。每天制定一次食谱，早、中、晚餐品种要多样。提高烹调技术，改善伙食。因工作需要不能按时就餐或临时加餐，要事前通知或预约。

第九条 做好安全工作。使用炊事械具或用具要严格遵守操作规程，防止事故发生；严禁带无关人员进入厨房和保管室；易燃、易爆物品要严格按规定放置，杜绝意外事故的发生；食堂工作人员下班前，要关好门窗，检查各类电源开关、设备等。管理员要经常督促、检查，做好防盗工作。

第十条 加强管理，团结协作，严格执行各类规章制度，圆满完成各项工作任务。

▲食堂厨房卫生管理制度

第一条 食堂厨房应与厕所及其他不洁处所有效隔离，厨房内不应有厕所，且厨房的门与窗均不得面对厕所。

第二条 厨房应有良好的供水系统与排水系统，尤以排水系统最重要，洗涤用过的污水，必须迅速排除。

第三条 地面、天花板、墙壁、门窗应坚固美观，所有孔洞缝隙应予填实密封，并保持整洁，以免蟑螂、老鼠隐身躲藏或出入。

第四条 应装置抽油烟机。抽油烟机之油垢应定时清理，所排出之污油亦应适当处理，切勿直接喷泄干扰邻居。

第五条 工作厨台及橱柜以铝质或不锈钢材质为佳。

第六条 工作厨台及橱柜下内侧及厨房死角，应特别注意清扫，以免遗留物腐烂。

第七条 食物应在工作台上料理操作，并将生、熟食物分开处理。刀和砧板及抹布等，必须保持整洁。

第八条 食物应保持新鲜、清洁、卫生，并于洗净后分类以塑胶袋包紧，或装在有盖容器内，分别储放在冰箱或冷冻室内。鱼肉类取用处理要迅速，以免反复解冻而影响鲜度。勿将食物暴露在生活常温中太久。

第九条 凡易腐败之饮食物品，应贮藏在摄氏零度以下冷藏容器内，熟的与生的食物分开贮放，以防串味。

第十条 调味品应以适当容器装盛，使用后随即加盖，所有的器皿及菜肴，均不得与地面或污秽接触。

第十一条 应备置有密盖的污物桶、厨余桶。厨余最好当夜倒除，不在厨房内隔夜。万一需要隔夜清除，应用桶盖隔离，且厨余桶四周应经常保持干净。

第十二条 员工工作时，应穿戴整洁工作衣帽。工作时避免让手接触或沾染食物与食器，应尽量利用夹子、勺子等工具取用。

第十三条 在厨房工作时，不得在食物或食器的附近抽烟、咳嗽、吐痰、打喷嚏，万一打喷嚏时，要背向食物用手帕或卫生纸罩住口鼻，并随即洗手。

第十四条 厨房工作人员工作前或便后，均应彻底洗手，保持清洁。

第十五条 厨房清洁扫除工作，每日数次，至少要做一次；清洁完毕，清扫用具应集中处置。杀菌剂和洗涤剂不得与杀虫剂等放在一起，有毒的物质要标明和放在固定场所，并指定专人管理。

第十六条 不得在厨房内躺卧或住宿，亦不许随便悬挂衣服及放置鞋物，或乱放杂物等。

第十七条 有病时，应留在家中休息。感冒、皮肤有外伤及患传染病症时，都应留在家休养治疗，以免影响就餐者的健康。

▲员工餐厅就餐管理制度

第一条 职工食堂每日供应三餐，根据公司实际情况，制定用餐时间。

第二条 公司员工进入食堂就餐一律要挂工号牌，凭餐卡打饭菜。

第三条 就餐人员进入食堂后，必须排队打饭，不许插队，不许替他人打饭。

第四条 就餐人员必须按自己吃饭的食量盛饭打汤，不得故意浪费。

第五条 员工用餐后的餐具放在食堂指定地点。

第六条 食堂内不准抽烟，不准随地吐痰，不准大声起哄、吵闹，做到文明用餐。

第七条 在食堂用餐人员一律服从食堂管理和监督，爱护公物、餐具，讲究道德。

第八条 就餐人员不准把餐具拿出食堂或带回办公室占为己有。

第九条 如有违反以上规定者，事务部有权报人事部给予罚款处理，罚款从当月浮动工资中扣除。情节严重或屡教不改者，给予行政处分直至除名。

▲炊事员卫生制度

1. 炊事员每年进行健康检查，防止肠道传染病和食物中毒事故的发生。
2. 炊事员工作时要穿上清洁的工作服，不留长指甲，保持良好的个人卫生。
3. 凡患有痢疾、伤寒、病毒性肝炎等传染病、活动性肺结核、渗出性皮肤病以及其他有碍食品卫生疾病的，不得参加接触直接入口食品的工作，必须经治愈后，复查合格，方可恢复工作。

▲工作餐供应管理规定

第一条 食堂为公司所有员工免费提供早、中、晚工作餐，并在规定的开饭时间内保证供应。

第二条 食堂拟定每周食谱，尽量使一个星期的饭菜不重样。饭菜要讲究色、味、形，严格操作规程。

第三条 热情、礼貌地接待员工就餐，负责人在入口处对员工餐卡加盖就餐戳记。

第四条 食堂负责为每位员工提供餐具，用餐完毕由员工本人送到指定地点，由食堂人员进行刷洗、消毒。

第五条 为体现公司对员工的关心，食堂负责为带病坚持工作的员工做病号饭，由医务人员根据病情及营养搭配开具食谱，食堂人员负责制作。

第六条 严格各项卫生制度，保证不进、不用、不制作、不出售腐烂变质原料及食品。炊事人员每次就餐后进行一次大清理，使桌、椅、餐具整洁有序。

▲加班餐管理规定

第一条 为了确保本公司职工晚间加班时，餐食的供应能规范及时到位，特制定本规定。

第二条 加班餐的供应对象为晚间加班（晚上8时以后）的职工。

第三条 加班餐的管理者为总务科科长。供应办法为向职工配发餐券，以餐券领取加班餐。

第四条 各主管科长在认定需要加班时，应于当日下午2时前向总务科提出供餐申请。事前无法预料的加班，应直接与食堂联系。

第五条 总务科受理申请后，计算出需要加班餐的份数，并与食堂联系。总务科受理申请时，向各科配发相应的餐券，作为领取餐食的凭证。

第六条 加班职工应在指定时间凭餐券到食堂取加班餐。餐券均当日有效。餐券丢失、污损等不再补发。

第七条 食堂供餐时间为晚上×时至×时，特殊情况下，主管科长应事先与食堂联系，协商供餐时间。

▲ 住宿登记表

住宿登记表

宿舍号码	住宿人员姓名及住宿时间

▲ 宿舍检查日报表

宿舍检查日报表

检查者_____　　　　　　　　　　____年____月____日

室号	室长	检查结果（项目）						备注

第十三章　现代物业社区文化、配套服务管理制度与表格

▲住宅小区文娱场所管理规定

1. 为保持小区的安静，不得在娱乐场所大声喧哗、敲击。
2. 小区文娱场所由物业管理公司指派人员管理，使用人员必须服从管理，文娱场所定时开放。
3. 小区内儿童在儿童娱乐设施上玩耍要有大人监护，否则发生的一切事故由家长负责。
4. 儿童娱乐设施仅供儿童使用，成年人不得攀爬、践踏。
5. 棋牌室内要开展文明健康的娱乐活动，不得进行赌博等不健康的活动。
6. 阅览室内收集有适合成人和儿童阅读的健康读物，不得传播封建迷信、黄色凶杀等低级趣味的图片、读物等。
7. 不得在文娱场所内吸烟。
8. 文娱场所里的儿童娱乐设施、棋牌室、阅览室由住宅小区物业管理公司免费提供业主（住户）娱乐使用，任何人不得据为私有，损毁由使用者负责赔偿。

▲社区文化管理制度

1. 办公及活动场地。

从管理处的管理用房中专门规划出社区文化部办公场所。充分利用住宅区内的各种娱乐设施和场地开展各类文化与体育活动。

2. 社区文化的主要内容。

（1）宣传政府、上级主管部门及管委会的各项法规、决议和各项管理措施。

（2）宣传贯彻市府颁布的《市民行为道德规范》。

（3）住户入住时，栽种"爱村树"，挂牌由住户自己培育。

（4）向全区居民征集村徽、村歌、村花。

（5）组织"我对小区知多少？我是小区人"智力竞赛活动。

（6）举办小区英模、劳模演讲会、报告会，开展"向英模学习"活动。

（7）开展创建文明楼、文明家庭活动。

（8）组织居民开展各项文艺体育竞赛活动。如书法、绘画、摄影、球类、棋类、游泳、赛跑等，促进相互了解，增进友谊。

（9）建立书画院、棋院、读书会、桥牌协会、花卉盆景协会、钓鱼协会、体育协会等形式多样的群众团体组织。

（10）成立"住宅区退管办"，把本区的退休人员组织起来，除以上内容外，专门成立气功、太极类、合唱队、集体舞队、门球队等一系列组织；成立"老年人生理、心理咨询机构"，如"老年人心声站"，倾听心声，排忧解难；组织老年人成立"管理纠察队"，让其发挥余热，投身小区管理。

（11）开展员工与居民之间的歌舞联欢、体育竞赛等各类活动，举办"家家乐"游艺晚会，每周末举办"周末露天舞会"，增进员工与居民的了解和感情沟通。

（12）创办小区报，动员居民踊跃投稿，开展"小区小记者研讨会"活动。

（13）利用寒暑假期，举办适合青少年参加的活动，如开设美术、音乐、舞蹈、棋类、游泳等各类技能培训班，丰富小区青少年假期生活。

（14）每逢年节，举办节日庆典、纪念活动。

（15）围绕扩大小区知名度，增进与外界的沟通。采取请进来的方法，组织本村业余文艺演出队和业余体育运动代表队，与其他住宅区、企业、团体交流联欢比赛，激发和培养居民的荣誉感和作为小区主人的自豪感。

▲ 文化俱乐部规章

第一条　总则
俱乐部成员为本公司员工，名称为××文化俱乐部。

第二条　目的
本俱乐部以提高员工的修养，强化员工之间的相互了解和亲善为目的。

第三条　组织
1. 机构设置。
本俱乐部下设"文化部"、"运动部"、"娱乐部"三个部。

（1）文化部设以下分部（会）：

教育部、摄影部、音乐部、读书会。

（2）运动部设以下分部：

乒乓球部、篮球部、足球部、排球部。

（3）娱乐部设以下分部（会）：

围棋部、象棋部、舞蹈部、登山会、娱乐部。

2. 管理人员编制。

本俱乐部设以下管理人员：

会长一人，副会长一人，部（会）长三人，委员六人，部（会）会计三人。

3. 管理人员选任。

委员由各部各推选两人（其中一人为会计）。

部（会）长由各部（会）委员推荐，会计由部（会）长指名，会长和副会长由各部（会）长推荐决定。

4. 管理人员任期。

主管人员每届任期为1年，可以连任，但是连任期不得超过3届。

主管人员任期为每月4月1日至第二年3月底。改选期为每年4月中旬。

第四条　会议

本俱乐部的会议有委员会议、部（会）长会议和全体会议；会议决议须三分之二以上人员出席、半数以上人员赞成才能通过。赞成与否定人数相等时，由会长裁决。委员会议每月至少召开一次，其他会议必要时召开。

第五条　经费

本会的经费来自于会费、补助、捐赠和其他收入。会员会费每月为××元，每月直接从工资中扣除。

第六条　会务

本俱乐部设干事会负责处理日常事务，干事会由俱乐部委员组成。干事会于每月×日和×月向全体会员提出会计报告。

第七条　制定与修改

本规章的制定与修改，须由管理人员会议作决议，交全体会员讨论决定。

▲ 读书研究会规章

第一条　目的

为扩大本公司全体员工的视野，提高其文化知识修养，特在本公司设立读书研究会。

第二条　入会与退会

凡本公司员工有读书爱好，且努力提高自身文化知识修养者均可申请入会；退会须经会长批准。

第三条　组织

本会在公司各部门设下属组织，或设分会。有关活动以下属组织或分会为主。

第四条　委员

各下属单位由会员推选委员一人。委员的任期为一年，但可以连任。

第五条　委员的职责

委员主要负责处理下列事项：

（1）图书室图书的保管与整理；

（2）会费的收支和保管；

（3）有关读书活动的企划。

第六条　会费

会费的标准为：

（1）月收入为×××元以上的员工，交××元；

（2）其他员工均交纳××元。

第七条　补贴

公司为保证读书会的顺利运作，每年都会给读书会会员人均支付×××元。

第八条　图书购入

图书原则上由各分会决定购入种类，并在购入预算范围内自行购入。

第九条　图书保管

各分会购入的图书，由图书室负责保管与管理。

第十条　图书借出

图书室的图书借阅对象只限于本会会员。

第十一条　赔偿

图书丢失或出现严重损坏时，当事人必须以原价赔偿。

第十二条　研讨会

分会必须每年召开一次以上的研讨会，评价读书会运作情况，分析存在的问题，提出合理化建议。研讨会的企划与组织由各委员负责。

第十三条　图书所有权

购入的图书所有权归各所属分会。

第十四条　解散

当某一分会解散时，其图书应移交给其他分会。读书会全部解散时，全部图书捐献给公司。

第十五条 修改
本规章在半数以上委员同意时，方可重新修订。

▲信箱管理规定

1. 中心的信箱由综合管理部负责管理。
2. 每个进驻企业使用的信箱与公司租房的房号相同，每个信箱可领用锁匙一把，租用半套房的企业如需要使用信箱，可以书面形式向中心申请。
3. 进驻企业办理退房手续时将钥匙交还到中心综合管理部。如未能将信箱锁匙如数交回，则每套锁匙按 50 元的价格赔偿，在租房履约保证金内扣除。
4. 信箱如有人为损坏的，则按每个信箱 200 元的价格赔偿，在履约保证金内扣除。

▲全面便民服务规范

1. 电脑网络服务。
（1）电子购物。专程进城购物对于居住在小区的住户来说，不是一件随心所欲的事，因此，我们将争取在短时间内实现电脑控制的电子购物，并首先实现电话购物，银行付款的购物方式。我们将与本集团公司所属的××百货商场合作，来实现这一目标，届时，小区的住户将可以坐在家中通过电脑"逛"商场、挑选商品，由商店送货上门，实现足不出户货自来的超级享受。
（2）电脑看病。远程电脑会诊治疗是先进的医疗方式。我们将与医院联合率先引入"电脑看病"方式，使住户通过自己家中的电脑或设在小区门诊点的电脑接受医生的治疗。
（3）电脑通信。我们将在小区内建立电脑互联网络，使住户可以坐在家中实现网络上的对话、咨询、请求服务、求救报警等，无论是与管理处还是其他住户之间都可以用这种通信方式沟通。
2. 建立红十字会救护网络。
与市属大中型医院联合在小区设立门诊点，提供简单医护事项及紧急救护服务。

▲ 服务中心便民服务制度

1. 精神面貌：
要做到细心、周到，体现服务中心员工高尚的精神境界。

2. 上班纪律：
上班时每天必须先到服务中心报到，然后外出工作，工作结束后，必须及时到服务中心签到。
上班时必须穿工作服，佩戴工作卡，以便接受客户的监督。

3. 服务质量：
确保客户满意，根据客户的要求，按质、按量、按时完成。在工作中严禁向客户索取财物，杜绝吃、拿等不良行为的发生，一经发现，立即作辞退处理，情节严重者还将追究法律责任。

4. 对外服务内容：
（1）代办服务：代订牛奶，接送小孩上下学，代办收订报纸杂志，代取邮件，代订车、船、机票，介绍家庭老师、保姆、钟点工等。
（2）维修服务：通下水道，修水龙头、水阀、信箱锁，换电表、水表、门锁，检查家用电器，安装检查空调机，修理门窗等。
（3）定点长期、周期性服务：打扫卫生、擦玻璃，室内绿化服务。
（4）洗车、打蜡服务。
（5）文化娱乐活动服务。
（6）医疗服务：设医疗保健中心，配备急救箱、急救药品等。

▲ 服务中心便民活动管理规定

1. 本规定所指的便民活动包括如下临时性、短时性活动：
（1）有益于居民身心健康的产品展销。
（2）住户日常需求量大的产品、特产，应时和来自厂家、产地的直销。
（3）家居的重体力、高难度技术性劳动服务。
（4）为本小区福利筹资的义卖或削价展销。
（5）上级组织的有利于促进精神文明建设的活动。

2. 凡在本小区开展便民活动，均须经过服务中心批准，在服务中心统一组织、安排下进行。主办单位应提前7天到服务中心社区文化部登记申请，经批准后在指定地方预告，以便住户依时参加。

3. 开展便民活动的时间仅限于：节假日的早上8：00~下午6：00，每个项目持续时间不能超过3天。同时举行的便民活动不能超过3家。

4. 便民活动内容必须健康，形式必须文明，应服从服务中心人员的现场指挥和管理，不能造成环境破坏或污染，不能影响或破坏社区秩序。每次活动完毕后主办单位应负责场地的清理和复原。

5. 便民活动单位须向服务中心交纳场地费、管理费和卫生费。

6. 便民活动应如实交税，需工商部门批准的由主办单位自行办理。

▲服务中心接待来访投诉定期回访制度

1. 接待来访投诉工作：

（1）接待来访投诉工作由信息中心值班人员负责，服务中心应广为宣传接待投诉的办公地点、电话，以便于住户投诉。

（2）任何管理人员在遇到住户来访投诉时，都应给予热情接待，主动询问，耐心、细致地做好解释工作，当住户不理解小区的管理规章制度时，要晓之以理，动之以情，让住户理解并支持服务中心的工作。

（3）对住户投诉、来访中谈到的问题，接待人员应及时进行记录，并当天进行调查、核实，然后将处理结果汇报责任部门主任；不能解决的，要将问题和意见向有关部门汇报，由服务中心经理决定处理办法。

（4）当住户主动前来提合理化建议时，要详细、认真地做好记录，并及时向经理汇报，由经理决定采取或制定整改计划，并张榜公布整改措施和表彰"爱我小区"的住户名单，同时给住户优先评选"文明户"。

（5）责任部门在处理来访、投诉时，要热诚、主动、及时，要坚持原则，突出服务；不得推诿责任、为难住户或乘机索取好处，在处理完毕后应将结果回复住户和服务中心经理，做到事事有着落、件件有回音。

（6）全体管理人员要认真负责，做好本职工作，为住户提供满意的服务，尽量减少住户的投诉、批评。将住户的不满消解在投诉之前。

（7）当同行物业管理单位要求参观时，服务中心员工应给予热情接待，把小区情况做全面的介绍，通过互相学习，共同提高小区管理水平。

2. 回访工作：

（1）回访要求：

①服务中心经理把对住户的回访列入职责范围，并落实到每年的工作计划和总结评比中。

②回访时，虚心听取意见，诚恳接受批评，采纳合理化建议，做好回访记录。

③回访中，对住户的询问、意见，如不能当即答复，应告知预约时间回复。

④回访后对反馈的意见、要求、建议、投诉，及时逐条整理综合、研究、妥善解决，重大问题向公司请示解决。回访处理率应达100%。

（2）回访时间及形式：

①服务中心经理每年登门回访1~2次。

②服务中心各部门主任按区域范围分工，每季回访1次。

③每季度召开一次住户座谈会，征求意见。

④利用节日庆祝活动、社区文化活动、居民集会等形式广泛听取住户反馈。

⑤有针对性地对住户发放住户调查问卷，做专题调查，听取意见。

▲用户投诉处理制度

1. 管理处将《用户投诉处理通知单》连同用户投诉或意见原件责成相应班组进行处理。

（1）由有关班组负责作出补救措施。

（2）作出补救措施的同时，还需采取纠正措施，按预定时间完成。

2. 对重大问题的投诉，管理处不能处理的或需统一协调的问题，直接报总经理，由总经理处理决定。

3. 对需采取纠正措施的问题要在《用户投诉处理通知单》中记录，以便跟踪检索。

4. 在完成补救措施后，应将处理结果反馈给管理处，由管理处负责与用户联系，报告处理结果，直到用户满意为止。

▲业主投诉处理和分析制度

1. 凡业主对管理处管理、服务方面的投诉，不论采取何种方式如信函、电话或面谈，均由总调度室进行接待、记录，然后按照投诉内容反馈给各相关责任部门，各责任部门应做好相应记录。

2. 各责任部门接到投诉后，在预定时间内向业主答复采取何种补救措施，答复时间最长不应超过三天。

3. 各责任部门按照业主投诉的内容，安排相应人员解决问题，并将结果反馈给总调度室。

4. 对重大问题的投诉，各责任部门不能处理的或需统一协调的问题，直接报管理处主任，由管理处主任作出处理决定。

5. 总调度室应采用电话或其他形式跟踪投诉解决后是否仍存在问题，如有，仍需责成有关部门迅速处理。

6. 对业主的投诉，分半年和年终进行分析总结，对反复出现的问题，应组织有关部门进行深入探讨并找出解决办法，防止重复发生。

▲业主意见调查和回访制度

1. 事务部每年至少进行一次业主意见调查，业主意见调查应列明业主对以下方面的满意程度：（1）代电管理；（2）供水管理；（3）消防治安管理；（4）卫生管理；（5）绿化管理；（6）公共设施管理；（7）维修服务；（8）服务态度。

2. 事务部对回收的意见表进行统计分析，并将结果如调查表的回收份数、总的满意率以及分项满意率、业主对物业管理的意见（共性的意见）等书面报告管理处主任。

3. 对各部门存在问题，管理处主任提出整改意见，责成有关部门限期解决。

4. 对业主的误解，事务部应进行必要的耐心解释。

5. 业主意见调查结果及整改方案应定期向业主委员会进行通报，接受监督。

6. 管理处副主任及相关职能部门应定期对相关业主进行回访。

7. 回访时，虚心听取意见，诚恳接受批评，采纳合理化建议，做好回访记录。

8. 回访中，对业主的询问、意见，不能当即答复的，应告知预约时间答复。

9. 回访后遇到的重大问题，应上例会讨论，找出解决方案，做到件件有落实，事事有回音。

▲ 用户投诉处理工作规程

1. 受理解决投诉的部门：
（1）物业部主要负责用户投诉的记录以及把投诉内容转交有关部门处理。
（2）各职能部门负责物业部转来的本部门服务过程中出现的质量问题的处理。
（3）管理处经理负责向总经理汇报，解决超出自身权限的质量问题的投诉处理。
2. 受理解决投诉的程序：
（1）物业部以书面通知的形式，公布公司的投诉电话和负责投诉的部门。
（2）物业部文员在接到用户口头或书面的投诉后，应首先向对方表示歉意，并耐心、仔细询问用户投诉的内容，认真填写《用户投诉簿》上的相关栏目。如属无效投诉，应向投诉人做好解释。
（3）对用户较严重的投诉，物业部应及时向管理处经理汇报，由经理组织相关人员落实解决措施，并限期进行处理，同时做好安抚工作；如超出管理处权限，管理处经理及时上报总经理，研究解决办法。
（4）相关部门在处理完投诉后，要迅速将处理结果报物业部，由物业部负责向投诉的用户反馈或验证处理结果，使用户的投诉有一个满意回复。要注意的是，对每一个投诉，在处理完毕或客观原因无法解决时，都应反馈给用户，做好解释工作，不能让用户存在遗憾与意见。
（5）相关部门在实施补救措施的同时，如发现潜在的质量问题，应及时向上级部门报告以便采取预防措施。

▲ 住宅区管理处回访制度

1. 回访要求：
（1）物业管理处正、副主任把对住户（业主）的回访列入职责范围，并落实到每年的工作计划和总结评比中。
（2）回访时，虚心听取意见，诚恳接受批评，采纳合理化建议，做好回访记录。
（3）回访中，对住户（业主）的询问、意见，如不能当即答复，应告知预约时间回复。

第十三章 现代物业社区文化、配套服务管理制度与表格

（4）回访后对反馈的意见、要求、建议、投诉，及时逐条整理综合、研究、妥善解决，重大问题向公司请示解决。对住户（业主）反映的问题，做到件件有着落，事事有回音。回访处理率达100%，投诉率力争控制在1%以下。

2. 回访时间及形式：
（1）物业管理处的正、副主任每年登门回访1~2次。
（2）小区事务助理按区域范围分工，每月回访1次。
（3）每季度召开一次楼长会，征求意见。
（4）利用节日庆祝活动、社区文化活动、公关活动等形式广泛听取住户反映。
（5）有针对性地对住户（业主）作专题调查，听取意见。
（6）物业管理处设投诉信箱、投诉电话，由专人接收，交管理处主任及时处理。
（7）随时热情接待来访，并做好登记。

▲业主意见征询调查表

业主意见征询调查表

姓名		住址		日期	
调查内容及评语				主要问题及建议	
治安工作情况				□优秀 □良好 □一般 □差	
维修及时情况				□优秀 □良好 □一般 □差	
维修质量情况				□优秀 □良好 □一般 □差	
环境卫生情况				□优秀 □良好 □一般 □差	
绿化工作情况				□优秀 □良好 □一般 □差	
水电供应质量情况				□优秀 □良好 □一般 □差	
服务人员礼貌、礼节方式				□优秀 □良好 □一般 □差	

调查部门： 调查人：
说明：请您在相应的栏目□内打"√"，谢谢合作！

▲ 回访业主记录表

回访业主记录表

部门：　　　　　　　　　　　　　　　　No.

住址	回访内容	处理结果	业主满意率				业主签名	回访人员签名	日期
			A	B	C	D			

注：表中 A 代表"优秀"、B 代表"良好"、C 代表"一般"、D 代表"差"。

▲ 访问客户记录

访问客户记录

被访人		地址		身份	
记问人		访问时间			
访问内容	访问记录			被访人签名	

管理处主任：　　　　　　　　　　　日期：

▲ 住户满意率统计表

住户满意率统计表

单位：（盖章）　　　　年第　　次　　　填表日期：

总户数		实发数		实发率		回收数	回收率	平均满意率
序号	服务项目	总体评价				意见与建议		
		满意率	不满意率	非管理原因造成的不满意率				
1	房管	户　％	户　％	户　％				
2	保安	户　％	户　％	户　％				
3	车管	户　％	户　％	户　％				
4	清洁	户　％	户　％	户　％				
5	绿化	户　％	户　％	户　％				
6	维修	户　％	户　％	户　％				
7	社区活动	户　％	户　％	户　％				
备注	注意：在填写"意见与建议"栏时，每项意见或建议后面请加上括弧，并填上例数，如：1.××××× （5例）。							

填表人：　　　　　　　　　　管理处主任：

▲ 投诉登记表

投诉登记表

序号	投诉时间（日时）	来访人			投诉内容	处理表号码	处理情况
		姓名	联系电话	地址或单位			

注：接待人将内容登记在《投诉处理表》上并通知责任人取表进行处理，处理完后，验证人在此表上填上完成时间并签名。

▲ 投诉处理表

投诉处理表

单位：　　　　　　　　班组：

投诉人		联系电话		地址			
投诉时间：　年　月　日　时　分 内容： 　　记录人：　　年　月　日							投诉类型 Ⅰ □ Ⅱ □ Ⅲ □
调查情况、结果： 　　　属有效投诉□　　无效投诉□　　调查人：　年　月　日							
处理意见： 　　　　　　　　　　　　　　　责任人：　年　月　日							
回访验证（上门/电话/信函）： 　　　业主（住户）签名：　　　　验证人：　年　月　日							

投诉类型、责任人等内容具体见《业主（住户）投诉处理程序》。

▲社区活动设备、设施清单

社区活动设备、设施清单

单位： 　　　　　　　　　　年　月　日

项目名称	单　位	数　量	所在位置	备　注

▲ 社区活动计划申报表

社区活动计划申报表

活动名称		开展时间		举办地点	
活动计划	\multicolumn{5}{c	}{申报人：}
主任审批意见	\multicolumn{5}{c	}{主任签字：}
公司审批意见	\multicolumn{5}{c	}{}

▲ 社区活动登记表

社区活动登记表

序号	活动名称	举办地点	参加人数	备注

说明：1. 由社区活动负责人指定负责宣传的工作人员填写，并附每次活动的照片。
　　　2. 由管理处保存三年。

第十四章　现代物业房屋、停车场管理合同、协议

▲业主委托房屋出售合同

合同编号：_____

甲方（业　　主）：_____
乙方（物业公司）：_____
经甲、乙双方协商同意，达成如下协议，共同遵守。
第一条　委托出售房屋情况
房屋地址：_____区_____路_____号。
建筑面积：_____平方米，使用面积：_____平方米。
附属设备及装修情况：_____。
房屋用途：_____。
第二条　本合同的有效期限为_____年，自_____年_____月_____日始至_____年_____月_____日止。
第三条　房屋出售价格
甲方确定房屋出租价格为：
售价：_____元/平方米。　其他费用：_____元。
合计费用_____元。
甲方授权乙方在_____幅度内可调整出售房屋价款。
第四条　甲、乙双方签订合同后_____日内，甲方向乙方支付委托报酬人民币_____元。
第五条　合同签订后甲方应向乙方如实告知有关房屋的基本情况，并应向乙方提供证明其为房屋合法所有者的证明文件。
第六条　乙方应严格按甲方的委托出售房屋，并应及时将房屋出售情况通知甲方。

第七条 房屋所有权转让手续由甲方同购买方共同办理。

第八条 乙方只接受委托出售房屋，并不负甲方房屋的保管责任。

第九条 在合同有效期内，甲方不得委托第三方出售本合同项下的房屋。

第十条 在合同有效期内，甲方不得自行出售本合同项下的房屋。

第十一条 甲方擅自委托第三方出售房屋或自行将房屋出售的，应向乙方支付违约金_____万元人民币。

第十二条 乙方低于甲方规定的价格出售房屋的，应当补足差价。

第十三条 合同争议解决方式：本合同在履行过程中发生的争议，由双方当事人协商解决；协商不成的，按下列第_____种方式解决：

1. 提交_____仲裁委员会仲裁。
2. 依法向_____人民法院起诉。

本合同一式两份，甲、乙双方各执一份。从双方签字之日起即时生效，均具有同等法律效力。

甲　方（盖章）：_____　　　乙　方（盖章）：_____

代表人（签字）：_____　　　代表人（签字）：_____

电　话：_____　　　　　　　电　话：_____

签约日期：_____年____月____日

签约地点：_____

▲停车场委托经营合同

合同编号：_____

甲方（开发商）：_____

乙方（物业公司）：_____

经甲、乙双方协商同意，达成如下协议，共同遵守。

第一条 名称、位置、面积。

停车场名称：_____。

位置：_____。

面积：_____。

第二条 停车场经营方式。

1. 乙方应以车位出租的方式进行经营。
2. 停车场可由乙方自行经营；由乙方以委托经营的方式委托其他人员或单位

经营。

  停车场各项约定经营方式的调整或确定，乙方均须征得甲方的同意。

  第三条　委托经营期限。

  本合同的有效期限为_____年，自_____年_____月_____日始至_____年_____月_____日止。

  第四条　项目收益。

  双方决定项目收益用于弥补乙方对本住宅小区进行物业管理中的部分资金不足。

  第五条　经营责任。

  乙方在委托经营期间，应进行合法经营。

  第六条　经营场地、设备设施的所有权。

  经营场地及设备设施的所有权为甲方享有。

  第七条　经营场地、设备设施的维修。

  场地、设备设施的小修由_____方负责，费用由_____承担。

  场地、设备设施的大修由_____方负责，费用由_____承担。

  第八条　停车场相关证照的办理。

  停车场相关证照由_____方负责办理；费用由_____方负责承担。

  停车场相关证照年检由_____方负责办理；费用由_____方负责承担。

  第九条　乙方应负责停车场内的治安与消防工作，其治安与消防工作应符合国家与地方的标准。

  第十条　甲方不得干涉乙方的正常经营管理活动。对在乙方接受委托经营管理停车场之前，因停车场的经营、使用等所产生的遗留问题由甲方负责解决。

  第十一条　因停车场设施设备配置不当或设施设备严重老化、损坏，乙方要求甲方维修而甲方拒不维修，造成第三方损失的由甲方承担责任，给乙方造成损失的，甲方承担赔偿责任。

  第十二条　合同争议解决方式

  本合同在履行过程中发生的争议，由双方当事人协商解决；协商不成的，按下列第_____种方式解决：

  1. 提交_____仲裁委员会仲裁。

  2. 依法向_____人民法院起诉。

  本合同一式两份，甲、乙双方各执一份。从双方签字之日起即时生效，均具有同等法律效力。

  甲　方（盖章）：_____　　　　乙　方（盖章）：_____

  代表人（签字）：_____　　　　代表人（签字）：_____

电 话：_____　　　　　电 话：_____

签约日期：_____年___月___日
签约地点：_____

附件：停车场设施设备相关文件及清单（略）

▲停车场（车位）出租合同

合同编号：_____

甲方（出租方）：_____
乙方（承租方）：_____

经甲、乙双方协商同意，达成如下协议，共同遵守。

第一条 名称、位置、面积。

停车场（车位）名称：_____。
　　　　　　位置：_____。
　　　　　　面积：_____。

第二条 承租期限。

本合同的有效期限为___年，自___年___月___日始至___年___月___日止。

第三条 租金及其支付方式。

乙方承租停车场（车位）的租金为每一车位每年人民币___元，共计___元人民币，支付方式为：_____。

第四条 甲方责任。

根据住宅小区开发商的授权和本合同的约定向乙方提供停车场（车位），同时要负责停车场（车位）的安全防范工作、消防秩序维护工作、卫生清洁工作。

第五条 乙方责任。

乙方应正确合理地使用停车场（车位），不得将停车场（车位）转租或借给他人。另外，乙方承租停车场（车位）只用于停放机动车辆，车辆进出停车场（车位）不得妨碍甲方的物业管理活动和其他业主、物业使用人的活动。

第六条 停车场（车位）所有权。

停车场（车位）的所有权为本住宅小区的开发商。

第七条 停车场（车位）的维护。

由停车场（车位）的所有者负责停车场（车位）的维修养护工作或甲方根据

所有者的授权对停车场（车位）进行维修养护。

第八条　甲方免责。

乙方车辆在停车场（车位）内损坏或丢失的，除乙方有证据证明是甲方行为所致或甲方没有履行职责所致的，甲方不承担赔偿责任。

第九条　甲方将建立健全停车场（车位）的各项管理规定。

第十条　乙方不正确使用停车场或不按甲方的规定使用停车场，给住宅小区其他业主、使用人或甲方造成损失的，乙方应予赔偿。

第十一条　争议的解决。

合同争议解决方式：本合同在履行过程中发生的争议，由双方当事人协商解决；协商不成的，按下列第_____种方式解决：

1. 提交_____仲裁委员会仲裁。
2. 依法向_____人民法院起诉。

本合同一式两份，甲、乙双方各执一份。从双方签字之日起即时生效，均具有同等法律效力。

甲　方（盖章）：_____　　　乙　方（盖章）：_____
代表人（签字）：_____　　　代表人（签字）：_____
电　话：_____　　　　　　　电　话：_____

签约日期：_____年____月____日
签约地点：_____

▲物业管理顾问合同

合同编号：_____

甲方：_____
乙方：_____

经甲、乙双方协商同意，达成如下协议，共同遵守。

第一条　物业基本情况。

物业类型：_____。
坐落位置：____市____区____街（路）____号。
四　至：东____南____西____北____。
占地面积：____平方米，建筑面积：____平方米。
分____期开发，　　总户数：_____。

第二条　乙方提供顾问服务的受益人为甲方和甲方组建（或聘请）的物业管理服务机构及甲方物业的全体业主，甲方和甲方组建（或聘请）的物业管理服务机构及甲方物业的全体业主均应对履行本合同承担相应的责任。

第三条　乙方向甲方提供如下管理建议和管理方案：
1. 《物业管理服务方案》。
2. 《物业管理服务机构组织架构设计和人力资源配置方案》。
3. 《物业管理服务设施设备工具用具用品配置方案》。
4. 《物业管理网络环境建设方案》。
5. _____。

第四条　乙方应指导、协助甲方和甲方组建（或聘请）的物业管理服务机构组建（整改提升）物业管理服务机构，编制物业管理服务文件，编制物业管理财务预算等。

第五条　乙方应向甲方和甲方组建（或聘请）的物业管理服务机构提供跟进指导、顾问服务。

第六条　乙方提供的管理建议、管理方案和顾问指导意见、建议等，须经甲方确认后由甲方和甲方组建（或聘请）的物业管理服务机构具体实施并承担责任；对于实施过程中出现的个别问题，须经甲、乙双方协商解决。

第七条　乙方向甲方提供的物业管理顾问服务，在甲方和甲方组建（或聘请）的____物业管理服务机构的具体实施和配合下，应努力实现物业管理顾问服务目标。

第八条　乙方成员公司（____公司）组成____公司（____项目）物业管理顾问服务工作小组，具体实施对甲方和项目的顾问服务工作。

第九条　顾问服务期限为____年。
自____年____月____日起至____年____月____日止。

第十条　物业管理顾问服务酬金为人民币____元，甲方于合同签订后____日内一次性向乙方支付。

第十一条　甲方应按照乙方要求，将项目基本情况数据、图件、资料和有关物业管理方面的资料、信息送交乙方，作为乙方提供物业管理顾问服务的前提条件和依据。

第十二条　甲方应为乙方顾问服务人员免费提供办公场所、办公设施（如计算机）和其他基本工作条件。

第十三条　甲方对乙方提供的管理建议、管理方案和顾问指导方案等资料负有保密的义务；乙方对甲方提供的相关数据、图件、资料和信息负有保密的义务。

第十四条　因甲方提供的数据、图件、资料和信息有误等原因造成乙方损失的，甲方应予赔偿；造成乙方不能按计划完成顾问服务的，甲方承担相应责任。

第十五条　因乙方原因造成未能按期提供、完成顾问服务的，所造成的甲方实际损失，乙方应予赔偿。

第十六条　甲、乙双方不得擅自解除本合同，一方无故解除本合同给另一方造成损失的，应负赔偿责任。

第十七条　合同争议解决方式：本合同在履行过程中发生的争议，由双方当事人协商解决；协商不成的，按下列第_____种方式解决：

1. 提交_____仲裁委员会仲裁。
2. 依法向_____人民法院起诉。

本合同一式两份，甲、乙双方各执一份。从双方签字之日起即时生效，均具有同等法律效力。

甲　　方（盖章）：_____　　　　乙　　方（盖章）：_____
代表人（签字）：_____　　　　代表人（签字）：_____
电　　话：_____　　　　　　　　电　　话：_____

签约日期：_____年____月____日
签约地点：_____

▲ 物业服务合同

本合同双方当事人
委托方（以下简称甲方）：_____业主管理委员会/房地产开发公司
受委托方（以下简称乙方）：_____物业管理公司

根据法律、法规，在平等、自愿、协商一致的基础上，就甲方委托乙方对（物业名称）实行专业化、一体化的物业管理订立本合同。

第一条　物业基本情况

座落位置：_____；占地面积：_____平方米；建筑面积：_____平方米；其中住宅_____平方米；物业类型：_____（住宅区或组团、写字楼、商住楼、工业区、其他/低层、高层、超高层或混合）。

第二条　委托管理事项

1. 房屋建筑本体共用部位（楼盖、屋顶、梁、柱、内外墙体和基础等承重结构部位、外墙面、楼梯间、走廊通道、门厅、设备机房）的维修、养护和管理。
2. 房屋建筑本体共用设施设备（共用的上下水管道、落水管、垃圾道、烟囱、共用照明、天线、中央空调、暖气干线、供暖锅炉房、加压供水设备、配电系统、楼内消防设施设备、电梯、中水系统等）的维修、养护、管理和运行服务。

3. 本物业规划红线内属物业管理范围的市政公用设施（道路、室外上下水管道、化粪池、沟渠、池、井、绿化、室外泵房、路灯、自行车房棚、停车场）的维修、养护和管理。

4. 本物业规划红线内的属配套服务设施（网球场、游泳池、商业网点）的维修、养护和管理。

5. 公共环境（包括公共场地、房屋建筑物共用部位）的清洁卫生、垃圾的收集、清运。

6. 交通、车辆行驶及停泊。

7. 配合和协助当地公安机关进行安全监控和巡视等保安工作，（但不含人身、财产保险保管责任）。

8. 社区文化娱乐活动。

9. 物业及物业管理档案、资料；

10. 法规和政策规定由物业管理公司管理的其它事项；

第三条　合同期限

本合同期限为＿＿＿年。自＿＿＿＿年＿＿＿月＿＿＿日起至＿＿＿＿年＿＿＿月＿＿＿日止。

第四条　甲方的权利和义务

1. 与物业管理公司议定年度管理计划、年度费用概预算、决算报告。

2. 对乙方的管理实施监督检查，每年全面进行一次考核评定，如因乙方管理不善，造成重大经济损失或管理失误，经市政府物业管理主管部门认定，有权终止合同。

3. 委托乙方对违反物业管理法规政策及业主公约的行为进行处理；包括责令停止违章行为、要求赔偿经济损失及支付违约金、对无故不缴、交有关费用或拒不改正违章行为的责任人采取停水、停电等催缴催改措施。

4. 甲方在合同生效之日起＿＿＿日内按规定向乙方提供经营性商业用房＿＿＿＿平方米，由乙方按每月每平方米＿＿＿＿元标准出租经营，其收入按法规政策规定用于补贴本物业维护管理费用。

5. 甲方在合同生效之日起＿＿＿日内按政府规定向乙方提供管理用房＿＿＿＿平方米（其中办公用房＿＿＿＿平方米，员工宿舍＿＿＿＿平方米，其它用房＿＿＿＿平方米），由乙方按下列第＿＿＿项使用：

①无偿使用。

②按每月每平方米建筑面积元的标准租用。

6. 甲方在合同生效之日起一日内按规定向乙方提供本物业所有的物业及物业

管理档案、资料（工程建设竣工资料、住用户资料），并在乙方管理期满时予以收回。

7. 不得干涉乙方依法或依本合同规定内容所进行的管理和经营活动。

8. 负责处理非乙方原因而产生的各种纠纷。

9. 协助乙方做好物业管理工作和宣传教育、文化活动。

10. 法规政策规定由甲方承担的其他责任。

第五条　乙方的权利和义务

1. 根据有关法律、法规政策及本合同的规定，制订该物业的各项管理办法、规章制度、实施细则，自主开展各项管理经营活动，但不得损害大多数业主（住用户）的合法权益，获取不当利益。

2. 遵照国家、地方物业管理服务收费规定，按物业管理的服务项目、服务内容、服务深度，测算物业管理服务收费标准，并向甲方提供测算依据，严格按合同规定的收费标准收取，不得擅自加价，不得只收费不服务或多收费少服务。

3. 负责编制房屋及附属设施、设备年度维修养护计划和大中修方案，经双方议定后由乙方组织实施。

4. 有权依照法规政策、本合同和业主公约的规定对违反业主公约和物业管理法规政策的行为进行处理。

5. 有权选聘专营公司承担本物业的专项管理业务并支付费用、但不得将整体管理责任及利益转让给其他人或单位，不得将重要专项业务承包给个人。

6. 接受物业管理主管部门及有关政府部门的监督、指导，并接受甲方和业主的监督。

7. 对本物业的公用设施不得擅自占用和改变使用功能，如需在本物业内改扩建完善配套项目，须报甲方和有关部门批准后方可实施。

8. 建立本物业的物业管理档案并负责及时记载有关变更情况。

9. 开展有效的社区文化活动和便民服务工作。

10. 本合同终止时，乙方必须向甲方移交原委托管理的全部物业及其各类管理档案、财务等资料；移交本物业的公共财产；对本物业的管理财务状况进行财务审计，甲方有权指定专业审计机构。

11. 不承担对业主及非业主使用人的人身、财产的保管保险义务（另有专门合同规定除外）。

第六条　管理目标

乙方根据甲方的委托管理事项制定出本物业"管理分项标准"（各项维修、养护和管理的工作标准和考核标准），与甲方协商同意后作为本合同的必备附件。乙方承诺，在本合同生效后____年内达到_____的管理标准；____年内达到管理标准，并获得政府主管部门颁发的证书。

第七条　管理服务费用

1. 本物业的管理服务费按下列第____项执行：

①按政府规定的标准向业主（住用户）收取，即每月每平方米建筑面积____元。

②按双方协商的标准向业主（住用户）收取，即每月每平方米建筑面积____元。

③由甲方按统一标准直接支付给乙方，即每年（月）每平方米建筑面积____元；支付期限：____；方式：_____。

2. 管理服务费标准的调整按下列第____项执行：

①按政府规定的标准调整。

②按每年____%的幅度上调。

③按每年____%的幅度下调。

④按每年当地政府公布的物价涨跌幅度调整。

⑤按双方议定的标准调整。

3. 乙方对物业产权人、使用人的房屋自用部位、自用设备的维修养护，及其他特约服务，采取成本核算方式，按实际发生费用计收；但甲方有权对乙方的上述收费项目及标准进行审核和监督。

4. 房屋建筑（本体）的共同部位及共用设施设备的维修、养护与更新改造，由乙方提出方案，经双方议定后实施，所需经费按规定在房屋本体维修基金中支付。房屋本体维修基金的收取执行市政府物业管理主管部门的指导标准。甲方有义务督促业主缴交上述基金并配合维护。

5. 本物业的公用设施专用基金共计____元，由甲方负责在____时间内按法规政策的规定到位，以保障本物业的公用配套设施的更新改造及重大维护费用。

6. 乙方在接管本物业中发生的前期管理费用____元，按下列第____项执行：

①由甲方在本合同生效之日起____日内向乙方支付。

②由乙方承担。

③在____费用中支付。

7. 因甲方责任而造成的物业空置并产生的管理费用，按下列第____项执行：

①由甲方承担全部空置物业的管理成本费用，即每平方米建筑面积每月_____元；

②由甲方承担上述管理成本费用的____%；

第八条　奖惩措施

1. 乙方全面完成合同规定的各项管理目标，甲方分下列情况，对乙方进行奖励。

2. 乙方未完成合同规定的各项管理目标，甲方分下列情况，对乙方进行处罚。

3. 合同期满后，乙方可参加甲方的管理招投标并在同等条件下优先获得管理权,但根据法规政策或主管部门规定被取消投标资格或优先管理资格的除外。乙方全部完成合同责任并管理成绩优秀,多数业主反映良好,可以不参加招投标而直接续订合同。

第九条 违约责任

1. 如因甲方原因,造成乙方未完成规定管理目标或直接造成乙方经济损失的,甲方应给予乙方相应补偿;乙方有权要求甲方限期整改,并有权终止合同。

2. 如因乙方原因,造成不能完成管理目标或直接造成甲方经济损失的,乙方应给予甲方相应补偿。甲方有权要求乙方限期整改,并有权终止合同。

3. 因甲方房屋建筑或设施设备质量或安装技术等原因,造成重大事故的,由甲方承担责任并负责善后处理。因乙方管理不善或操作不当等原因造成重大事故的,由乙方承担责任并负责善后处理。(产生事故的直接原因,以政府有关部门的鉴定结论为准)

4. 甲、乙双方如有采取不正当竞争手段而取得管理权或致使对方失去管理权,或造成对方经济损失的,采取不正当手段的一方应当承担全部责任。

第十条 其他事项

1. 双方可对本合同的条款进行修订更改或补充,以书面签订补充协议,补充协议与本合同具有同等效力。

2. 合同规定的管理期满,本合同自然终止,双方如续订合同,应在该合同期满六个月前向对方提出书面意见。

3. 本合同执行期间,如遇不可抗力,致使合同无法履行时,双方均不承担违约责任并按有关法规政策规定及时协商处理。

4. 本合同在履行中如发生争议,双方应协商解决,协商不成时,提请物业管理主管部门调解,调解不成的,提交深圳市仲裁委员会依法裁决。

5. 本合同之附件均为合同有效组成部分;本合同及其附件内,空格部分填写的文字与印刷文字具有同等效力。

本合同及其附件和补充协议中未规定的事项,均遵照中华人民共和国有关法律、法规和政策执行。

6. 本合同正本连同附件共一页,一式三份,甲、乙双方及物业管理主管部门(备案)各执一份,具有同等法律效力。

7. 本合同自签订之日起生效。

甲方签章: 乙方签章:
法人代表: 法人代表:

年　月　日

▲小区物业管理服务合同

合同编号：_____

第一条　本合同当事人：
甲方（业主）：＿＿市＿＿＿＿公司
地址：＿＿市＿＿＿路＿＿＿号＿＿＿小区
乙方（物业管理公司）：＿＿＿物业有限公司
地址：＿＿＿＿＿＿＿＿＿＿＿＿＿＿＿。

根据有关法律、法规，在自愿、平等、协商一致的基础上，甲方委托乙方对其××市××路××号提供物业管理服务，订立本合同。

第二条　物业管理服务期限为＿＿年，自本合同签字之日起生效。

第三条　房屋建筑共用部分的养护和管理，包括：楼盖、屋顶、外墙面、承重结构、楼梯间、走廊通道、门厅。

第四条　共同设施、设备的养护、运行和管理，包括：共用的上下水管道、落水管、共用照明、水泵房、消防设施、低压配电设施、避雷设施。

第五条　市政共同设施和附属建筑物、构筑物的维修、养护和管理，包括道路、化粪池、沟渠、管道。

第六条　公共绿地、绿化、建筑小品等的养护与管理。

第七条　附属配套建筑、场地和设施的养护和管理：围墙、大门。

第八条　公共环境卫生，包括公共场所、房屋共用部位的清洁卫生和垃圾的收集、清运。

第九条　维护物业区域内的公共秩序。

第十条　配合、协助当地公安机关实施小区的治安防范工作，配备保安值勤、巡视、进行安全监控。

第十一条　管理与物业相关的工程图纸、竣工验收资料与住户档案。

第十二条　业主和物业使用人房屋自用部位、自用设施及设备的维修、养护，在当事人提出委托时，乙方应接受委托并合理收费。

第十三条　甲方权利义务：
1. 维护自身的合法权益，享受乙方提供的物业管理服务。
2. 监督乙方管理服务工作及实施制度的执行情况。
3. 有权向有关行政管理部门投诉乙方违反法规、规章的行为。
4. 有权向乙方投诉其管理人员的服务态度和服务质量并知悉处理结果。

5. 向乙方递交物业产权证复印件一份作为备案材料。

6. 遵守业主公约和物业管理规章，协助乙方做好物业管理工作和宣传、文化活动。

7. 协助处理房地产开发企业、其他部门或单位对物业管理遗留的问题。

8. 如需进行室内装饰装修，必须遵守物业装饰装修管理规定，填写申请表，缴纳装饰装修保证金，经乙方审查核准后方可施工；完工时，通知乙方检查有无违章、损坏物业共同部位、共同设施设备和妨碍他人正常使用物业的现象（如渗、漏、堵、冒等）。

乙方检查未发现上述现象，应将保证金返还甲方；若有上述现象，应要求甲方限期修复或扣除保证金作维修费用。

9. 在本物业范围内，不得有下列行为：

（1）损坏房屋承重结构、主体结构，破坏房屋外貌（含外墙、外门窗、阳台等的颜色、形状和规格），擅自改变房屋设计用途、功能和布局。

（2）占用或损坏楼梯、通道、屋面、平台、道路、停车场、自行车房（棚）等共用场所（地）。

（3）占用、损坏或擅自移动供电、供水、供气、通信、排水、排污、消防、监控、路灯等公用设施设备。

（4）违章搭建。

（5）践踏、占用绿地，毁坏绿化，损坏、涂画公共标志和建筑小品。

（6）随意倾倒、堆放、丢弃垃圾或杂物、高空抛物。

（7）擅自在物业共用部位或公共场所悬挂、张贴、涂写、刻画、设立广告牌。

（8）存放超过安全标准的易燃、易爆、剧毒、放射性物品，排放有毒、有害物质或者发出超过规定标准的噪声。

（9）未经有关部门批准设置摊点。

（10）利用物业从事危害公共利益和侵害他人合法权益的活动。

第十四条 乙方权利义务：

1. 根据有关法律法规及本合同的约定，制定物业管理规章。

2. 制止违反物业管理规章的行为，对业主和物业使用人违反法规、规章的行为，提请有关部门处理。

3. 对物业使用人违反本合同的行为，根据情节轻重，采取规劝、警告、制止、与业主协商解决、索赔、起诉等措施。

4. 可选聘专业公司承担本物业的专项管理业务，但不得将本物业的管理责任转让给第三方。

5. 负责编制房屋、附属建筑物、构筑物、设施、设备、绿化等的年度安全检查、小修养护计划和大中修方案，并由甲方委托落实实施。

6. 负责向业主和物业使用人收取下列费用：
（1）物业管理服务费。
（2）代收代支费用。
（3）有偿服务费用。

7. 每六个月向甲方和物业使用人公布一次物业管理服务费收支账目。

8. 协助处理房地产开发企业、其他部门或单位对物业管理遗留的问题。

9. 对本物业的公用设施不得擅自占用和改变使用功能，如需改变或完善配套项目，经甲方同意后方可实施。

第十五条　乙方须按下列约定，实现目标管理。

1. 房屋外观整洁，无乱搭建，房屋完好率达到90%以上。

2. 公共设施设备维护良好、正常运行，水电工每周巡查4次以上、每月定期保养，维护完好率达100%以上。

3. 公共环境整体美观洁净。
（1）楼外公共场所每天清扫两次，实施8小时保洁。
（2）楼内公共通道、走廊、楼梯、休闲场所每天清扫一次，每月清洁4次（含楼梯扶手），大堂实施8小时保洁。
（3）公用蓄水池每季清洗、消毒一次，每半年向甲方提供一次水质化验报告，水质化验符合国家颁布的卫生标准。
（4）化粪池每年清疏一次，雨水、污水井每半年清疏一次，如发生堵塞及时处理，确保化粪池不外溢，下水道畅通。
（5）每天定时上门收集生活垃圾，垃圾日产日清。
（6）每月灭蚊、苍蝇一次，每季度灭鼠、灭蟑一次。

4. 公共绿化。
（1）日常淋水，定期修剪、除杂草、灭虫害。
（2）绿化地、园林小品每天清洁一次。
（3）植物成活率达到95%以上，出现枯死苗木及时补种。

5. 保安服务。
（1）小区内实行24小时保安制度，日夜巡逻。
（2）保安人员有明显标志、工作规范，遇有险情，在接到报警后立即到达现场。
（3）对出入小区车辆敬礼（戴白手套敬标准礼），以标准手势指挥车辆的进出停放。
（4）小区治安达到安全文明小区的标准。

6. 管理服务。
（1）接住户投诉有记录、有跟踪、有处理结果反馈。

（2）管理员每日巡视 2 次以上，接电话投诉半小时内到达现场处理。

7. 维修。

（1）开通 24 小时服务热线（电话×××××××），维修及时率 100%。

（2）维修合格率 100%。

第十六条　物业管理服务费，指为完成本合同第二章所规定的委托管理事项而发生的费用，由服务成本、法定税费、经理人的酬金构成。

本物业的管理服务费标准为：

_____元/月（管理费每半年结算一次，1 月份缴交上半年、7 月份缴交下半年。）

以上已包含乙方提取物业管理服务费总额的 10% 作为提供服务的经理人酬金和税金。

第十七条　业主和物业使用人逾期交纳物业管理服务费，从逾期之日起每日按应交费的 1‰ 交纳滞纳金。

第十八条　甲方同意乙方无偿使用本物业的配套管理用房，乙方不得将管理用房转作其他用途。

第十九条　乙方对物业使用人的房屋自用部位、自用设备、毗连部位的维修、养护及其他特约服务，应当事先公布收费标准，由当事人按实际发生的费用计付。

第二十条　物业的共用部位、共用设备设施、公共场地的维修、更新费用由乙方向甲方提交书面报告及预算，经确认后乙方组织实施。

第二十一条　甲方违反合同第十四条义务的约定，乙方有权要求甲方在限期内解决；导致乙方未能完成规定管理目标或造成乙方经济损失的，甲方应给予乙方经济赔偿。

第二十二条　乙方违反本合同第十五条义务和第四章的约定，甲方有权要求乙方限期整改，逾期未整改的，甲方可报请物业管理行政主管部门作出处理，造成甲方经济损失的，乙方应给予甲方经济赔偿。

第二十三条　乙方违反本合同第五章的约定，擅自提高收费标准的，甲方有权要求乙方清退；造成甲方经济损失的，乙方应给予甲方经济赔偿。

第二十四条　本合同一式两份，甲、乙双方各执一份，具有同等法律效力。

第二十五条　双方可对本合同的条款进行补充，以书面形式签订补充协议，补充协议与本合同具有同等法律效力。

第二十六条　本合同执行期间，如遇不可抗力，致使合同无法履行时，双方应按有关法律规定及时协商处理。

第二十七条　本合同在履行中如发生争议，双方应协商解决或报请物业管理行政主管部门进行调解，协商或调解不成的，可以向××× 人民法院起诉。

第二十八条　合同期满本合同自然终止，双方如续订合同，应在该合同期满

30日前向对方提出书面意见。

甲方（签章）：_____　　　乙方（签章）：_____
法定代表人：_____　　　　法定代表人：_____
委托代理人：_____　　　　委托代理人：_____

　　　　　　　　　　　　　　　签约日期：____年____月____日
　　　　　　　　　　　　　　　签约地点：_____

▲装饰装修管理协议

　　　　　　　　　　　　　　协议编号：_____

甲方（物业公司）：_____
乙方（业主或物业使用人）：_____
丙方（装饰装修公司）：_____
　　经甲、乙、丙三方协商同意，达成如下协议，共同遵守。
　　经甲方同意，乙方将对其住宅进行装饰装修，乙方进行装饰装修的住宅具体地址为：_____。

第一条　装饰装修内容
具体装饰装修内容为：
1. _____。
2. _____。

第二条　装饰装修施工期限
装饰装修施工期限为____年____月____日起至____年____月____日止，共____日。

第三条　施工时间
为了便于住宅小区的管理，进行装饰装修施工的具体时间为：
每日上午：____时至____时　　下午：____时至____时
节假日为：上午：____时至____时　　下午：____时至____时

第四条　装饰装修抵押金
乙方向甲方交纳施工抵押金_____元人民币，如乙方在施工中无违反小区管理规定和本协议的行为，施工结束后甲方将抵押金全额退还乙方。

第五条　废弃物的清运

因乙方（和丙方）装饰装修产生的废弃物由乙方（和丙方）负责清运。

第六条　禁止行为和注意事项

1. 未经原设计单位或者具有相应资质等级的设计单位提出设计方案，变动建筑主体（是指建筑实体的结构构造，包括屋盖、楼盖、梁、柱、支撑、墙体、连接接点和基础等）和承重结构（是指直接将本身自重与各种外加作用力系统地传递给基础地基的主要结构构件和其连接接点，包括承重墙体、立杆、柱、框架柱、支墩、楼板、梁、屋架、悬索等），或者住宅室内装饰装修超过设计标准或规范增加楼面荷载的。

2. 未经甲方同意在住宅小区共用部位搭建建筑物、构筑物。

3. 未经批准改变住宅外立面，在非承重外墙上开门、窗。

4. 未经供暖部门批准拆改供暖管道和设施。

5. 未经燃气部门批准拆改燃气管道和设施。

6. 未经供水部门批准拆改供水管线和设施。

7. 未经批准拆改智能化设施设备或电信设施设备等。

8. 将没有防水要求的房间改为卫生间、厨房间。

9. 改动卫生间、厨房间防水层的，应当按照防水标准制订施工方案，并做闭水试验。

10. 扩大承重墙上原有的门窗尺寸，拆除连接阳台的砖、混凝土墙体。

11. 损坏房屋原有节能设施，降低节能效果。

12. 施工期间及施工后的建筑垃圾应及时运出小区，不得影响和破坏小区环境，更不许从高处向下抛掷。

13. 施工用材料及工具必须小心放置，以免从高处掉下危及其他住户及路人的安全。

14. 施工中，如有其他住户投诉，甲方应出面协调，如情节严重应在调解期间内暂停施工，待调解后复工。

15. 不得将水泥砂石、建筑用料或建筑垃圾、杂物、油漆等投入厕所或下水道里。

16. 不得将建筑用料、设备、垃圾或水泥存放在住宅小区共用部位。

17. 不得拒绝和阻碍甲方依据本协议的约定，对住宅室内装饰装修活动的监督检查。

第七条　管理服务费用

甲方收取装饰装修管理费人民币＿＿＿＿＿＿＿＿元。

第八条　装饰装修企业管理

1. 乙方将其住宅装饰装修工程委托给丙方完成。

2. 丙方必须按照工程建设强制性标准和其他技术标准施工，不得偷工减料，确保装饰装修工程质量。

3. 丙方装饰装修活动，应当遵守施工安全操作规程，按照规定采取必要的安全防护和消防措施，未经甲方批准不得擅自动用明火和进行焊接作业，以保证作业人员和周围住房及财产的安全。

4. 丙方必须按照装饰装修施工期限完成装饰装修工程。

5. 丙方应严格遵守和执行本协议第六条规定的禁止行为和注意事项。

6. 经乙方与丙方协商，装饰装修抵押金由丙方缴纳。

7. 经乙方与丙方协商，装饰装修管理费由丙方向甲方缴纳。

第九条　违约责任

1. 丙方装饰装修违反本协议的任一条款规定的，丙方应向甲方支付每违约一次人民币＿＿＿＿＿＿＿＿元的违约金，因丙方违约行为造成住宅小区共用部位或共用设施设备损毁的，丙方还应承担维修、赔偿等法律责任。

2. 丙方应向甲方支付违约金的，甲方可从丙方交纳的装饰抵押金中扣除。

3. 丙方的装饰装修行为，造成住宅小区内其他住户损失的，由丙方承担责任，因此给甲方造成损失的，丙方承担责任。

4. 乙方对丙方的违约行为承担连带责任。

第十条　附　则

1. 乙方为非业主住宅使用人的，其对住宅室内进行装饰装修，应当取得业主的书面同意。

2. 变动建筑主体或者承重结构的，须提交原设计单位或者具有相应资质等级的设计单位提出的设计方案后方可动工。

第十一条　合同争议解决方式

本合同在履行过程中发生的争议，由双方当事人协商解决；协商不成的，按下列第＿＿＿＿＿＿＿种方式解决：

1. 提交＿＿＿＿＿＿＿仲裁委员会仲裁。

2. 依法向＿＿＿＿＿＿＿人民法院起诉。

本合同一式两份，甲、乙双方各执一份。从双方签字之日起即时生效，均具有同等法律效力。

甲　　方（盖章）：＿＿＿＿＿＿＿　　　乙　　方（盖章）：＿＿＿＿＿＿＿

代 表 人（签字）：＿＿＿＿＿＿＿　　　代 表 人（签字）：＿＿＿＿＿＿＿

电　　话：＿＿＿＿＿＿＿　　　　　　电　　话：＿＿＿＿＿＿＿

签约日期：＿＿＿＿年＿＿月＿＿日

签约地点：＿＿＿＿＿＿＿

附：装饰装修施工图纸、方案（略）
　　装饰装修房屋所有权证明（略）
　　相关政府部门的批准文件（略）
　　装饰装修企业营业执照复印件（加盖公章）（略）
　　装饰装修企业资质证书（略）

▲ 绿化服务委托合同

　　　　　　　　　　　　　　　　　合同编号：_____
　　甲方（物业公司）：_____
　　乙方：_____
　　经甲、乙双方协商同意，达成如下协议，共同遵守。
　　第一条　甲方将其拥有的物业管理权的_____住宅小区的绿化业务委托给乙方管理。
　　第二条　甲方委托乙方行使住宅小区绿化管理的期限为_____年。即自_____年_____月_____日至_____年_____月_____日止。
　　合同期满后，双方均未提出异议的，本合同继续履行并应于合同期满后_____日内续签本合同。
　　第三条　甲方按_____标准向乙方支付费用_____元，支付的方式：_____。
　　第四条　住宅小区的绿化标准
　　1. 每_____日对住宅小区草坪修剪一次。
　　2. 每_____日对住宅小区树木整理一次。
　　3. 每_____日对绿化带的病虫害防治一次。
　　第五条　甲、乙双方的权利、义务
　　1. 甲方的权利、义务。
　　（1）拥有对乙方的绿化行为监督指导、要求乙方提高绿化标准、制止乙方危害住宅小区的行为、审定乙方重大绿化措施等权利。
　　（2）甲方要为乙方完成住宅小区的绿化工作提供保障，并协助乙方完成绿化工作，同时向乙方支付绿化代理费用。
　　2. 乙方的权利、义务。
　　（1）拥有依法取得报酬、要求甲方协助完成住宅小区绿化业务、就住宅小区绿化工作向甲方提出建议和意见等权利。

（2）乙方要正确使用各种绿化设施、设备，并做好养护和维护，定期对绿化人员进行职业道德教育和业务培训。

第六条　甲方在合同有效期内为乙方以＿＿＿＿＿＿＿（方式）提供办公用房＿＿＿＿＿＿＿平方米，同时应配备相关的绿化工作设施、设备。

第七条　乙方责任：

1. 乙方应科学合理地安排绿化植物的养护工作，保证住宅小区优美的绿化环境和绿化效果。

2. 在重大节日前做出住宅小区美化方案，得到甲方批准后实施。

第八条　乙方每日将按工作标准进行的各项工作纳入住宅小区物业管理系统中，监督指导机构按照所报完成内容进行业务检查，对未能达到物业管理标准的，甲方有权要求乙方限期整改，直到扣减费用，对于长期不能达到管理标准的，甲方有权解除委托合同。

第九条　甲、乙双方应严格履行合同的规定，任何一方不得擅自解除合同，如因一方擅自解除合同给另一方造成经济损失的，有责任的一方应予赔偿。

第十条　合同争议解决方式：本合同在履行过程中发生的争议，由双方当事人协商解决；协商不成的，按下列第＿＿＿＿＿＿＿种方式解决：

1. 提交＿＿＿＿＿＿＿仲裁委员会仲裁。

2. 依法向＿＿＿＿＿＿＿人民法院起诉。

第十一条　本合同一式两份，甲、乙双方各执一份，从双方签字之日起即时生效，均具有同等法律效力。

甲　方（盖章）：＿＿＿＿＿＿＿　　　　乙　方（盖章）：＿＿＿＿＿＿＿
代表人（签字）：＿＿＿＿＿＿＿　　　　代表人（签字）：＿＿＿＿＿＿＿
电　　话：＿＿＿＿＿＿＿　　　　　　　电　　话：＿＿＿＿＿＿＿

签约日期：＿＿＿＿＿年＿＿＿月＿＿＿日
签约地点：＿＿＿＿＿＿＿＿＿＿＿＿＿

▲保洁服务委托合同

合同编号：＿＿＿＿＿＿＿

甲方（物业公司）：＿＿＿＿＿＿＿
乙方：＿＿＿＿＿＿＿＿＿＿＿＿＿＿＿

经甲、乙双方协商，就甲方将其实施物业管理的＿＿＿＿＿＿＿住宅小区的保洁业务委托给乙方管理事宜，达成如下协议，共同遵守。

第一条　甲方委托乙方代理行使保洁权的期限为_____年。从_____年_____月_____日至_____年_____月_____日止。

合同期满后双方均未提出异议的，本合同继续履行并应于合同期满后_____日内续签本合同。

第二条　甲方以_____标准向乙方支付保洁费用_____元，支付的方式：_____。

第三条　乙方应按甲方要求履行的职责：

1. 按时清洁道路、走廊等公共地方和公共设施。

2. 住宅小区内窨井、化粪池的清掏清运。

3. 按时清运住宅小区内的垃圾，并协调与环卫部门的关系。

4. 定期对住宅小区公共区域进行害虫清杀工作。

5. 定时对楼内或楼外的保洁区域进行巡视，发现有违章建筑和违章施工的现象时有责任加以劝导，并及时通知甲方管理部。

6. 对住宅小区高层公寓防火通道进行清理，保证畅通。

第四条　甲方的权利和义务：

1. 拥有对乙方的保洁行为进行监督指导、要求乙方提高保洁标准、制止乙方危害住宅小区的行为、审定乙方重大保洁措施等权利。

2. 甲方要为乙方完成住宅小区的保洁工作提供保障，并向乙方支付保洁代理费用。

第五条　乙方的权利和义务：

1. 乙方拥有依法取得报酬、要求甲方协助完成住宅小区保洁业务、就住宅小区保洁工作向甲方提出建议和意见等权利。

2. 乙方要正确使用各种保洁设施、设备，并做好养护和维护，定期对保洁人员进行职业道德教育和业务培训。

第六条　甲方在合同有效期内为乙方以_____（方式）提供办公用房_____平方米，同时应配备相关的保洁工作设施、设备。

第七条　乙方应对保洁工作设施、设备进行合理使用和管理、维护。

第八条　乙方应严格完成甲方所委托的各项保洁事务，并对乙方人员在工作过程中所发生的事故承担有关责任。

第九条　乙方每日将按工作标准进行的各项工作纳入住宅小区物业管理系统中，督导机构按照所报完成内容进行业务检查，对于未能达到物业管理标准的，甲方有权要求乙方限期整改，直到扣减费用；对于长期不能达到管理标准的，甲方有权解除委托合同。

第十条　甲、乙双方应严格履行合同的规定，任何一方不得擅自解除合同，如

第十四章　现代物业房屋、停车场管理合同、协议　271

因一方擅自解除合同给另一方造成经济损失的，有责任的一方应予赔偿。

第十一条　合同争议解决方式：本合同在履行过程中发生的争议，由双方当事人协商解决；协商不成的，按下列第_____种方式解决：

1. 提交_____仲裁委员会仲裁。
2. 依法向_____人民法院起诉。

本合同自双方签字、盖章，并经公证处公证后生效。

本合同一式_____份。甲、乙双方及_____各执_____份。

甲　方（盖章）：_____　　　乙　方（盖章）：_____
代表人（签字）：_____　　　代表人（签字）：_____
电　话：_____　　　　　　　电　话：_____

签约日期：_____年____月____日
签约地点：_____

▲委托代收代缴费用合同

合同编号：_____

甲方（专业公司）：_____
乙方（物业公司）：_____

经甲、乙双方协商同意，达成如下协议，共同遵守。

第一条　甲方将其在_____住宅小区的_____收费业务委托给乙方，由乙方在合同有效期内代甲方向住宅小区业主和物业使用人收取_____费。

第二条　甲方委托乙方代收费用的期限为_____年。自_____年____月____日至_____年____月____日止。

合同期满后双方均未提出异议的，本合同继续履行并应于合同期满后_____日内续签本合同。

第三条　乙方将于每月_____日之前按本合同第四条规定的标准完成费用的代收工作，并于代收工作完成_____日内将代收费用交付甲方。

第四条　乙方代收费用实际完成标准不应低于应代收标准的_____%。

第五条　甲方按_____标准向乙方支付费用_____元，支付的方式：_____。

第六条　甲、乙双方的权利、义务。

1. 甲方的权利、义务：
(1) 拥有对乙方代收行为进行监督指导的权利。
(2) 为乙方完成代收代缴工作提供保障的义务。
(3) 向乙方支付委托费用的义务。
2. 乙方的权利、义务：
(1) 拥有依法取得报酬的权利。
(2) 拥有要求甲方协助完成代收业务的权利。
(3) 正确完成代收代缴费用工作的义务。
(4) 定期对代收代缴人员进行职业道德和业务培训的义务。

第七条 代收代缴费用的价格由甲方负责制定。

第八条 乙方只负责代收代缴工作，对甲方同住宅小区业主或物业使用人因使用甲方的商品等产生的问题不承担责任。

第九条 如住宅小区业主或物业使用人拒绝缴费的，乙方应将未缴费业主和物业使用人名单送甲方，并由甲方负责解决。对于已经通知甲方的未缴费的业主和物业使用人费用，乙方不再负责对所欠费用的收缴。

第十条 甲、乙双方应严格履行合同的规定，任何一方不得擅自解除合同，如因一方擅自解除合同给另一方造成经济损失的，擅自解除合同的一方应予赔偿。

第十一条 合同争议解决方式：本合同在履行过程中发生的争议，由双方当事人协商解决；协商不成的，按下列第＿＿＿＿种方式解决：
1. 提交＿＿＿＿仲裁委员会仲裁。
2. 依法向＿＿＿＿人民法院起诉。

第十二条 本合同一式两份，甲、乙双方各执一份。从双方签字之日起即时生效，均具有同等法律效力。

甲　方（盖章）：＿＿＿＿＿＿　　乙　方（盖章）：＿＿＿＿＿＿
代表人（签字）：＿＿＿＿＿＿　　代表人（签字）：＿＿＿＿＿＿
电　话：＿＿＿＿＿＿＿＿＿　　电　话：＿＿＿＿＿＿＿＿＿

签约日期：＿＿＿＿年＿＿月＿＿日
签约地点：＿＿＿＿＿＿＿＿＿＿